知識
圖書館

豐富孩子的視野

知識
圖書館

豐富孩子的視野

走吧走吧！
跟世界做朋友

歐非洲篇

給中小學生新課綱最佳延伸閱讀教材

施賢琴（小茱姐姐）/著

KIDISLAND · 兒童島 /繪

快樂文化

人生，從離開舒適圈開始

文／新北市立丹鳳高中圖書館主任　宋怡慧

　　林語堂說：「一個真正的旅行家必是一個流浪者，經歷著流浪者的快樂、誘惑，和探險意念。」天生有著浪遊因子的小茱姐姐施賢琴，面對生命的每一段行旅，都以好奇與熱情去尋訪人生無限的可能。

　　她在意的不是終點，關心的是走過的棧道結交那些朋友，瀏覽過何種風景。

　　你以為兒童不能改變世界嗎？「當你真心渴望某樣東西時，整個宇宙都會聯合起來幫助你完成。」這句話印證有願就有力。不去上學，選擇去實踐、去工作的小朋友們，後來，為什麼能在瑞士、西班牙、土耳其、希臘的歷史扉頁寫下傳奇故事？

　　你知道有些國家的女生是不能上學念書的嗎？是不是要珍惜能自由擁抱知識的機會呢？

　　或許，現階段的我們還沒有能力實現環遊世界的夢想，施賢琴與這些 Super 導遊帶著讀者盡情地開展五感，從文字照見未來自己想要前往的地方，讓大師為我們領路，擴展我們對世界想像，更超越國界與國界的藩籬。

　　施賢琴指派氣球藝術家湯姆·彼波擔任你走進比利時的超級導遊，你會看見比利時的《丁丁歷險記》、《藍色小精靈》到街頭漫畫牆與當地的關係與鏈結，你終於體會踏上比利時的土地，你玩得不是一般的旅遊景點，你玩得是當地人最接地氣的娛樂路線。

　　諾貝爾創辦人是哪一國人？FIKA 指的是甚麼？為什麼可以提

高生產力？世界博物館最多的國家是？你以為荷蘭只有風車、鬱金香嗎？超級導遊鉅細靡遺地娓娓道來。

從英國原味主廚傑米‧奧利佛極簡的烹調開始，你準備好遊歷大英博物館、各式城堡，讓心靈隨之輕盈豐美。法國寫實主義田園畫大師尚－法蘭斯瓦‧米勒畫筆下的法國農村生活，平凡中透露高貴與莊重的典雅，著名地標艾菲爾鐵塔、巴黎凱旋門、羅浮宮、聖母院，無處不滿溢美食與香氛雜揉的美感。法國一如米勒所云：「為精神自由、為永恆而畫」，是個美不勝收的自由國度。

挪威極地探險家弗瑞德約夫‧南森讓我們窺見四大峽灣的地景，如何孕育一位人道主義者成為諾貝爾和平獎得主。歌德說：「我們的生活就像旅行，思想是導遊者，沒有導遊者，一切都會停止。會喪失目標，力量也會化為烏有。」當你與這些各種領域傑出的 Super 導遊同行，你看見的是深厚的人情底蘊與文化情懷。跟著小茱姐姐和超級導遊們，生活萬花筒、生活伴手禮的專欄，讓你從舌尖味蕾，體會到在地閒適與品味，各有各獨特的情調與特色。

去閱讀，去體驗，去跨域，認真活著就是這些超級導遊成為人生佼佼者最好的證明，一如低調卻讓人很難不注意到的施賢琴。她永遠帶著微笑，不吝為人作嫁，為人付出，閃耀於身的熠熠彩光，像導遊為我們指引更好的旅路，堅定前進。

讓「Super 導遊」打開小朋友看世界人事物的眼睛

「失去聽覺的貝多芬，仍不放棄譜寫樂曲。」、「歷經無數次失敗，諾貝爾終於完成火藥的發明。」、「白衣天使南丁格爾用愛心照顧受傷士兵。」相信大小朋友對於這些人物應該都不陌生，他們也是小茱姐姐從小聽到大的故事。

小時候，小茱姐姐把偉人傳記當成故事書讀，除了驚嘆於主角的「厲害」外，其它完全無感，呵。直到幾年前，有機會製作台灣系列人物故事時，才深刻體會到前人留下的身影，是多麼重要的典範和學習目標，因此，在「我的世界

能和小朋友一塊主持兒童節目，是小茱姐姐最開心的事。（「世界樂來樂好聽」節目的兒童主持人陳詩宓）

好朋友」企劃時，有心機地把各國經典人物的故事放入其中，設計了「Super 導遊」角色，既讓小朋友了解名人故事，也做為認識各國家的起點。

如何從眾多人物中，選擇合適的「Super 導遊」，是個傷腦筋的問題，除了歷史上的重要大咖外，我們也盡量選擇不同領域的人物，如藝術家、公益家、發明家、政治家、廚師等，讓各類 Super 導遊打開小朋友看世界人事物的眼睛。

出生於捷克的德弗札克是國民樂派了不起的作曲家，不少大小朋友應該都曾演唱過德弗札克的〈新世界交響曲〉；樂聖貝多芬絕對是德國的驕傲，除了譜寫出流傳後世的名曲外，他罹患耳疾，卻仍持續創作的精神，更是讓人佩服。

〈藍色多瑙河〉的作曲家小約翰史特勞斯，是圓舞曲製造機，因此擁有「圓舞曲之王」的美稱；追求畫出對事物感受的畢卡索，所創立的立體派創作，對西方美術有重大影響；紅十字會的創辦人亨利·杜南，原是位成功的瑞士商人，目睹戰爭的無情，讓他投身人道救援工作；成功把垃圾食物趕出校園的英國廚師傑米·奧利佛，教導孩子開始重視吃進體內的食物。

名畫〈拾穗〉是法國受歡迎的畫家米勒的作品，他筆下的農民生活栩栩如生；出生於比利時的湯姆·彼波，為成為國際級的氣球藝術家，付出不少心力；諾貝爾是瑞典歷史上，占有一席之地的發明家，一生中取得了 355 項的的發明專利權；凱末爾是土耳其人心目中的英雄，因此被尊稱為「土耳其國父」；生前只賣出一幅畫的荷蘭畫家梵谷，他的作品卻深深影響二十世紀的藝術發展。

每位 Super 導遊都像本精采的書，小朋友，準備好了嗎？現在，讓我們一起翻開書，看看 Super 導遊的故事，認識他們從小生長的地方。

榮獲第 52 屆（2017）廣播金鐘獎最佳兒童節目獎。

目 錄

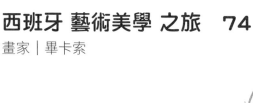

英國 Great Britain

倫敦鐵橋大笨鐘，
網球足球動一動，
禁衛軍們好英勇，
哈利波特全球瘋。

傑米・奧利佛

8 歲時，傑米・奧利佛在父母經營的酒吧，展現出他對於烹飪的興趣。由於有閱讀困難症，傑米・奧利佛的求學之路並不順利，從英國西敏寺飲食學院畢業後，他便在倫敦主廚 Gennaro Contaldo 身邊工作，時間長達 7 年。

1997 年，偶然機會下，傑米・奧利佛成為英國國家廣播公司「原味主廚」節目主持人，他幽默的主持口吻和精湛的烹飪技術，獲得不少人氣，搖身一變成為英國最受歡迎的主廚之一。

「傑米，你最近是不是忙著接新的電視節目？」
「不，我準備開一間 Fifteen 餐廳。」

傑米・奧利佛想栽培一些懷才不遇的青少年，讓他們成為專業的廚師，然後用餐廳的利潤，做為孩子們日後的教育基金，除了培育人才外，傑米更希望推動使用新鮮食材烹飪的概念，守護每個人的健康。

「除了教導做菜外，我期待能藉由節目改變英國家庭餐桌上的食物。」

英國被公認為是不喜歡料理的國家，不少民眾以速食解決一天三餐，垃圾食物是許多英國人餐桌上的主食。

「食物能提供平日活動的能量，若只吃垃圾食物，怎麼能快樂健康呢？大量的垃圾食物，會導致肥胖、糖尿病、心臟病等疾病。」

傑米決定用他的料理來改變學校的飲食習慣。首先，他供餐給公立學校，認真地烹煮給孩子們吃的食物，沒想到，因孩子已習慣吃速

食，那些用新鮮食材做的料理，根本不合他們的口味。

「該怎麼辦？」

傑米努力做出健康好吃的料理，但想改變孩子們從小養成的習慣並不容易。挫折沒有擊倒傑米，幾天後，他想到了解決的辦法。

傑米打算在課堂上製作垃圾食物，剛開始時，同學們非常開心，但隨著時間一分一秒過去，他們越來越清楚垃圾食物是如何被製作出來的。

「什麼？原來雞塊裡根本沒有雞肉？」
「雞塊裡全是雞皮、脂肪和那些我們平常根本不會吃的肉。」

看到垃圾食物的做法後，孩子們除了震驚外，也開始想改變他們的飲食習慣。當孩子們改吃健康料理後，不僅身體變得更健康，連性格也變得沉穩，注意力也提高了。

傑米的努力得到了成果，也獲得英國政府的重視。後來，政府還特別撥出預算，改善學校的營養午餐，把垃圾食物趕出校園。2010年，傑米·奧利佛獲得了當年 TED 大會（科技 Technology、娛樂 Entertainment、設計 Design 創意分享論壇）的年度大獎，頒獎感言分享他進行的對抗肥胖計畫及針對孩童的食品教育；他發起的飲食革命已在全世界蔓延，人們開始重視吃進體內的食物，也懂得用新鮮食物打造健康的生活。

關於 傑米·奧利佛
Jamie Oliver
（1975 － ）

英國知名主廚，擅長有機食材的烹飪，致力兒童飲食教育。同時，他愛家愛小孩的好爸爸形象也深獲民眾的喜愛，與名模妻子 Jools 是青梅竹馬，兩人相愛 24 年，育有 5 名子女。2018 年 2 月媒體報導奧利佛傳出財務危機，旗下的義大利餐廳因食材與租金成本過高，債務累積高達 7150 萬英鎊（約 30 億元新臺幣），更積欠員工薪水 220 萬英鎊，但目前不影響他個人財務狀況，相關影視授權、代言等收入依然豐碩可觀。

快跟著 Super 導遊一起認識英國！

英國 皇室文化 之旅

國家首都	倫敦
飛行時間	17 小時 25 分鐘
當地時間	臺灣 –8 小時
國土面積	臺灣 6.7 倍大
貨　　幣	英鎊 GBP（£）

倫敦
●

白金漢宮與英國女王

　　莊嚴典雅的白金漢宮（Buckingham Palace）是英國君主位在倫敦的寢宮及辦公處，1703 年開始興建，直至 1837 年，英國維多利亞女王（Queen Victoria）登基，是第一位入住白金漢宮的英國女王；至今依然是國家慶典和王室歡迎禮舉行的場地之一。如英國女王有在宮內，屋頂的旗桿上會掛上「君主旗」，其餘則是英國國旗。每天清晨都會進行著名的禁衛軍交接典禮，成為英國皇室文化的一大景觀，每年 7 月底到 9 月底，白金漢宮會對外開放參觀。

　　英國是君主立憲國家，現任英國女王伊麗莎白二世（Queen Elizabeth

到白金漢宮千萬別錯過英國傳統的衛兵交接儀式呵！

II）是國會最高首領，她在 1952 年登基，1953 年加冕為女王，是英國皇室在位時間最長的君主。英國民眾普遍認為，英國皇室象徵著英國輝煌的歷史與驕傲，對於所有皇室成員都懷有崇高的敬意，皇室成員威廉王子、凱特王妃等，更是在黛安娜王妃去世後深受英國民眾高度的愛戴。而英國女王擁有保護憲法執行的責任，必須主持國會開幕、批准樞密令、御准議會法案，以及定期會見首相，在政治上必須保持中立，也是唯一能夠宣布國家是處於戰爭或和平狀態的人。

充滿尊榮的英國皇室文化，一舉一動都是全球矚目的焦點。

世界著名的大英博物館

　　大英博物館（British Museum）是世界最著名的博物館之一，館藏品達800多萬件。1753年，內科醫生，也是收藏家漢斯·斯隆（Hans Sloane）爵士去世後，留下71,000件個人收藏品、大量的植物標本及書籍、手稿，全捐給國家，後來，1759年英國政府成立大英博物館，把爵士留下的收藏品對外開放。

　　除了私人收藏品外，大英博物館內也存放了不少英國在世界各地征戰攫獲的珍貴物品，1973年，因為空間的限制，大英博物館將自然歷史標本與考古文物分類，大英博物館專門收集考古文物，至於書籍及手稿則放入大英圖書館。著名的收藏有：帕德嫩神廟石雕、拉美西斯二世頭像、中國女史箴圖等。

紳士風度發源地

　　風度翩翩的紳士，是許多人對於英國的印象，早期，擁有貴族血統的男性才能被稱為紳士，他們並沒有特定的外在形象，直到中產階級模仿王室們紳士的穿著後，頭戴禮帽、手拎一把雨傘，才成為紳士的標準形象。

　　當越來越多的富商進入上流社會後，紳士不再是貴族們的專屬名詞。穿著得體、懂得尊重且照顧他人，在商場、地鐵或公共汽車上，讓女士們先行，都是一般人對紳士行為的要求。

網球、足球等運動的起源地

　　英國的溫布頓網球公開賽（The Championships, Wimbledon），是全球四大網球賽事之一，也是世界上第一個職業網球選手參加的比賽，主要決賽場地在「中央球場」，比賽時間是每年 8 月第一週開始。14 世紀時，最早「以手擊球」的形式起源於法國，歷經長時間的演變，後來以「球拍擊球」，直至 1873 年，英國溫飛爾上校將該項活動帶回英國，改在草地上比賽，成了現代網球的起源；1881 年，美國網球協會制定了比賽的規則、球體大小、球拍大小及球場尺寸，網球成為正式的運動項目。

　　除了網球外，歐洲足球運動也是從英國開始的，雖然中國古代有類似足球的「蹴鞠」運動，但現代足球的踢球規則，是由英國人莫雷在 1863 年所制定的，經由水手及商人的傳播，足球運動開始在世界各地興起。

　　英國人不只打網球、踢足球，連壁球、桌球、橄欖球和板球也都是英國人設計或發明的，雖然不少運動源起於英國，但有調查顯示，與歐洲其他國家相比，英國人民比較不熱衷運動呵！

大英博物館的豐富館藏
值得花一整天慢慢觀賞。

溫莎城堡是倫敦重要景點

英國各地城堡逛不完

英國各地坐落許多城堡，傳奇的故事及藝術性讓不少遊客趨之若鶩。位於英格蘭東南部的溫莎城堡（Windsor Castle），是目前世界上有人居住的最大城堡，溫莎城堡與倫敦的白金漢宮、愛丁堡的荷里路德宮（Palace of Holyroodhouse），都是英國君主的行政官邸。溫莎城堡收藏了許多英國王室的珍寶及名畫。愛丁堡是蘇格蘭最重要的標誌性建築之一，因有防禦功能，因此建築風格與其他城堡很不相同。位於蘇格蘭的格拉米斯城堡（Glamis Castle）充滿了恐怖氣氛，是英國傳聞鬧鬼最凶的城堡之一，不少遊客衝著鬼故事，想到格拉米斯城堡一遊。

英國不是國家？

「英國」正式的名稱是「大不列顛及北愛爾蘭聯合王國」。由英格蘭、蘇格蘭及威爾斯（大不列顛）及北愛爾蘭所組成，首都倫敦位在英格蘭，人口分布上，英格蘭最多，其次是蘇格蘭、威爾斯及北愛爾蘭。

英式下午茶

18 世紀，英國貝德芙公爵夫人安娜（Anna Russell）邀請親朋好友到家裡喝茶吃點心，共度下午時光，不久後，「下午茶」便在英國上流社會流傳。18 世紀中期，「茶」進入平民百姓生活後，下午茶開始在飯店和百貨公司間流行，「下午茶」時間是從下午 3 時到 5 時半。

階級身分明顯的英國，從喝下午茶就能看出階級的不同。上流社會的下午茶，點心既精緻又豐富；而勞動階層則把下午茶當成正餐，食物大都是有飽足感的三明治或麵包；中產階級則是以丹麥酥或餅乾搭配茶。

一般而言，下午茶喝的是大吉嶺茶、伯爵茶和錫蘭茶，正式的英式下午茶，會有三層的銀盤茶點，品嘗點心的順序由淡而重，由鹹而甜，所以先吃最下層的三明治，再來是中層的圓形英式鬆餅或是司康，上層的蛋糕和水果塔，由下往上品嘗，展現悠閒與優雅的貴族品味。

法ㄈㄚˇ國ㄍㄨㄛˊ France

香水國度好浪漫，
藝術創作有靈感，
巴黎鐵塔羅浮宮，
華麗建築人人讚。

米勒

　　尚－法蘭斯瓦・米勒是農家子弟，個性內向，從小被書中美麗的圖畫所吸引。一有空，米勒就拿起木炭在紙上作畫。剛開始時，他只是隨手亂畫，沒多久，他就能畫出和原圖一模一樣的畫作，父親發現了米勒的繪畫天分，於是，讓他跟著畫家莫希爾學畫。

「我已經無法再教你了，你應該到巴黎找更好的老師。」

　　莫希爾建議米勒到了巴黎學畫，本想在巴黎一展長才，好好作畫的米勒，卻為了養家活口，開始畫裸體女子和富商，因為當時只有這類的畫像才能賣出價錢，為了過生活，米勒只好妥協。

　　有一天，米勒路過一間印刷店，櫥窗裡掛著他畫的裸體畫，路人熱烈地討論著作品，卻沒人發現畫者站在身旁，這次事件帶給米勒相當大的震憾，他決定不再畫裸體女子的圖畫。

「我想畫出從小接觸的大自然，畫下那些田園和農民們。」

　　米勒不想成為默默無名的畫家，他要畫出心中描繪的圖像，為了支持米勒的夢想，家裡過著更拮据的生活，米勒自己撿柴、種菜，減少開銷，就連畫畫也用最經濟的方式。

「買顏料和布太花錢，我決定多畫木炭畫，利用這些柳枝燒成木炭條，就能在紙上畫畫了。」

1857 年，〈拾穗〉就是米勒在這段時間完成的作品，由於家裡生活越來越困難，所以，當有人出價想購買〈拾穗〉時，米勒相當猶豫，他本來不想出售，但為了償還債務，最後，只好忍痛以幾塊法郎賣出。

1959 年，米勒又完成了田野中貧苦的男子和女子低頭禱告的畫作〈晚禱〉（另名〈晚鐘〉），為了生計，米勒在飢寒交迫之際將這幅畫以 1,000 法郎賣出，然米勒死後，〈晚禱〉在拍賣會上，曾引起美國和法國人收藏家的競標，一度被美國人購得，而法國人覺得顏面盡失；最後，還是由法國富商索夏爾以 80 多萬法郎購回，並捐贈給法國羅浮宮。現由法國奧賽美術館收藏。

米勒是法國近代繪畫史上最受人民愛戴的畫家，他生動地刻畫農民的生活及情緒，所以，人們也稱他為「田園畫家」及「愛的畫聖」。

關於 尚 - 法蘭斯瓦・米勒 Jean-François Millet （1814 － 1875）

米勒從小就展現了繪畫的才能，但因不願媚俗，藝術家生活往往陷入困頓，最後因病而亡。但他的藝術作品至今依然備受後世肯定。因為他來自農家，作品以呈現農人生活為主，展現出自然純樸的力量，知名畫作除了〈拾穗〉、〈晚禱〉外，還有〈播種者〉（1850）、〈牧羊女與羊群〉（1864）等。

快跟著 Super 導遊一起認識法國！

法國 百年景點 之旅

國家首都	巴黎
飛行時間	14 小時 5 分鐘
當地時間	臺灣 –6 小時
國土面積	臺灣 15.2 倍大
貨　　幣	歐元 EUR（€）

巴黎

艾菲爾鐵塔

　　艾菲爾鐵塔（La Tour Eiffel）是法國知名的地標，巴黎最高的建築物。主要是為了 1889 年的世界博覽會所興建，1887 年開始由法國金屬結構專家亞歷山大‧居斯塔夫‧艾菲爾（Alexandre Gustave Eiffel）設計，運用12 萬個金屬零件及 250 萬個鉚釘所組的鏤空結構鐵塔，總高度有 324 公尺。當年建造時，曾遭遇不少反對聲浪，有人覺得不夠美觀、有人對安全性質疑，不過，這些質疑在完工後，全被讚嘆聲所淹沒。

　　1991 年，艾菲爾鐵塔連同塞納河沿岸被列入世界文化遺產，是全球最多人付費參觀的古蹟，每年遊客人數約有 700 萬人，目前已有超過 3 億人造訪。

艾菲爾鐵塔造形有很多周邊商品，
別忘了要買來紀念呀！

巴黎凱旋門

　　凱旋門（Arc de Triomphe）坐落在戴高樂廣場上，連接著香榭麗舍大道，是座高 50 公尺，寬 45 公尺的圓形拱門，兩側都有大幅的巨形浮雕，且石刻上是跟隨著拿破崙出征的 386 名戰士與 96 場聖戰的名字，相當壯觀，至今已有 180 年的歷史。

　　1805 年，拿破崙打敗奧俄聯軍，為了紀念這場勝利，隔年，他下令建造凱旋門，歷經 30 年，1836 年凱旋門落成，但當年拿破崙卻在滑鐵盧戰事中慘敗。1840 年，拿破崙軍隊第一次通過凱旋門，卻是為了護送拿破崙的遺體。

凱旋門原來有這麼多
有趣的歷史。

羅浮宮

　　羅浮宮（Louvre）是世界最大的博物館，位於塞納河旁，本是為了防禦而興建的城堡，後來成為皇室宮殿，歷經不少國王修建，1682 年，路易十四將皇宮遷往凡爾賽宮，1793 年法國大革命期間，羅浮宮改為博物館。1988 年，當時的法國總統密特朗（François Mitterrand）屬意建築大師貝聿銘設計的玻璃金字塔，成為羅浮宮新入口，雖然引起軒然大波，新舊派輿論爭議，然今日已成為巴黎吸睛的新地標。

　　中世紀到 19 世紀，超過 3 萬件的藝術收藏品陳列於羅浮宮，必須參觀的「羅浮宮三寶」包括達文西的〈蒙娜麗莎〉、米羅的〈維納斯〉（Venus de Milo）、薩莫特拉斯〈勝利女神像〉（Victoire de Samothrace）等，這些珍寶多來自於皇室收藏，羅浮宮內有多個館藏，每年吸引超過千萬人次造訪，是歐洲最熱門的博物館。

巴黎聖母院

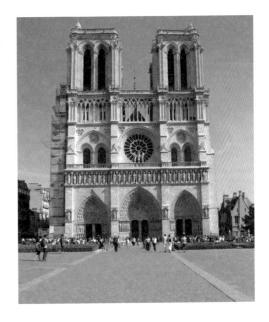

坐落在西堤島的巴黎聖母院（Notre Dame de Paris），是法國最有名的哥德式教堂，1163 年至 1250 年間建造，之後 200 多年仍繼續進行增建工程，是法國建築史上耗費時間最久的建築物，目前是法國的宗教、藝術及旅遊中心。巴黎以聖母院為核心，以同心圓方式往外開展建城，法國其他城市的座標也以此點開始計算。法國文豪雨果著名的作品《鐘樓怪人》就是以聖母院為背景的文學小說，參觀聖母院時可以尋找小說中的場景。（2019年 4 月 15 日，因整修工程意外引發火災，造成尖塔倒塌，法國政府計畫籌款修復。）

世界香水之都——格拉斯

格拉斯（Grasse）位於法國東南部的普羅旺斯，氣候適合花卉種植，盛產茉莉，而茉莉是許多香水的關鍵配方，因此 18 世紀末，格拉斯的香水製造業就相當興盛，四處可見到香料店，而世界知名小說與同名電影《香水》中故事即是以該地為背景。格拉斯是法國香水業中心，香氛也為格拉斯帶來超過 6 億歐元的財富。

希望聖母院可以儘快修復呵。

飲食界最高榮耀──米其林指南

　　全球餐廳及主廚都以拿下米其林星星為最高榮譽，《米其林指南》是餐廳的評鑑指標。其實，《米其林指南》跟法國知名輪胎製造商米其林有相當密切的關係。

　　1900 年，生產輪胎的米其林，為了提高汽車輪胎銷售量，編撰了第一本的《米其林指南》，好吸引民眾開車到遠方遊玩、吃美食。後來，為了增加《米其林指南》的可看性，還派出匿名者光顧餐廳給予評價，這種作法大受歡迎。

　　1926 年，《米其林指南》開始用星號來標記餐廳的等級，第一批有 46 家餐廳獲得一顆星，1931 年後，又出現米其林 2 星和 3 星餐廳。其實，除了星星外，《米其林指南》還有代表豪華舒適程度的叉匙，以及代表便宜美食的輪胎娃娃。通常每間餐廳都會被造訪多次後才做出結論，指南也會每年更新。2018 年，《臺北米其林指南》首度在台灣發行，名單中共有 20 家餐廳，臺北君品酒店的粵式料理餐廳「頤宮」獲得米其林三星的肯定，「祥雲龍吟」和「請客樓」則榮獲二星的評價。

阿爾卑斯山最高峰──白朗峰

　　白朗峰（Mont Blanc）位在法國和義大利的交界，是阿爾卑斯的最高峰，官方資料的海拔高度是 4,807 公尺，有「歐洲聖母峰」之稱，山頭終年白雪皚皚，可從山下小鎮夏慕尼搭乘纜車登上南針峰，眺望白朗峰的美景。

生活萬花筒 / 伴手禮

鵝肝

「鵝肝」是法國的美食代表，為了取鵝肝，鵝必須吃大量飼料，許多人認為這是相當殘忍的行為，但愛吃鵝肝的人還是不少，由於成本高昂，一般法國人只在重大節日享用鵝肝，法國占全球鵝肝的產量超過80%。

甜點

法國菜世界聞名，連甜點也讓人食指大動，色彩繽紛小巧的馬卡龍、清爽酸甜的檸檬塔、酥皮薄脆的千層酥、浸滿果香的蘋果派，都深受甜點控喜歡。

挪ㄋㄨㄛˊ威ㄨㄟ Norway

狹長多山靠海洋，
養殖鮭魚的故鄉，
峽灣奇特長又長，
適宜居住樂天堂。

弗瑞德約夫‧南森

「我們絕對不能打退堂鼓，再大的困難都要克服。」

「我最近正打算乘船到格陵蘭，做水域的調查研究。」

從小就酷愛戶外探險活動，原本主修動物學的南森，1882 年，搭乘捕海豹船到格棱蘭水域作調查研究，開啟了他對於北冰洋研究的熱情，即使回到挪威，從事卑爾根自然史博物館動物學採集工作，他仍然掛記著北冰洋。

5 年後，南森希望運用政府資金，完成用雪橇滑雪橫跨格陵蘭冰帽的考察計畫，但沒想到挪威政府拒絕了，後來，還好獲得私人的贊助，計畫才得以執行。

滿懷著信心，南森和 5 位伙伴離開了挪威，沒想到，考察隊出發後沒多久，就因為冰雪情況而寸步難行。

花費了幾個月的時間，南森的考察隊終於到格棱蘭西海岸上的戈德撒泊村，但已錯過當年最後一班輪船啟航時間，南森只好和伙伴們在戈撒泊村度過整個冬季，這段時間，也讓南森有機會更加認識愛斯基摩人。

當南森和伙伴們完成橫跨冰帽的旅程，回到挪威後，受到英雄式的歡迎。不過，這趟旅程並沒滿足南森對於北冰洋的好奇心；過段時間後，他又展開了新的探險活動，他利用支援的資金，製造了一艘特別的船「法蘭姆號」（Fram），這是一艘經過特殊防壓設計的船，具備三層外殼，南森計畫著即使船被凍結在北極附近的冰塊中，應該也可以隨著洋流，北漂至北極點。於是，1893 年，南森帶著 12 名夥伴，往北冰洋出發了。

「我計畫讓船擱淺在浮冰上，然後讓它隨洋流飄向北極。」

果然，「法蘭姆號」在航向西伯利亞東海岸時，如同南森的計畫般結凍了，同時，隨著浮冰往北極漂流，南森在船上裝載了 8 年的燃料及 6 年的食品，最後，他和伙伴到達了離北極點 360 公里（約北緯 86 度 14 分）的地方折返，卻已經打破當時人類往北航行的紀錄，這項紀錄引起了極大的討論。

「原來北極沒有陸地和島，只有冰。」

南森歷時 3 年的北極探險之旅，讓人們對於極地有更多的認識，返回挪威時，他受到民眾們熱情的歡迎。之後，南森成為海洋學教授，還投身政治活動，擔任過挪威駐英國大使，第一次大戰期間，他加入人道救援工作，從西伯利亞、中國和世界其他地區，幫忙遣返了 50 萬名戰俘。

由於南森援救了戰俘及難民，1922 年，還獲頒諾貝爾和平獎，他倡議給無國籍公民「南森護照」，這本護照獲得了超過 50 個國家認可，幫助了 45 萬名難民在不同國家工作生活。

南森一生在科學界有相當傑出的表現，他不僅是一位北極探險家、動物學家，也是一位政治家，挪威政府特別把他的肖像印在舊版的 10 元紙紗上，好讓挪威民眾都能記得這位了不起的人物。

關於 弗瑞德約夫・南森
Fridtjof Nansen
（1861 – 1930）

南森的一生，非常精采豐富，原本應該是研究動物學的科學家，因為對於極地的好奇，開啟了他的冒險行動，證實了北極只有冰山、海洋，沒有陸地島嶼，創下了當時人類向北航行的紀錄，也因為南森的開創，後續有更多的探險家加入極地探險的行動，揭開更多極地的神祕面紗。晚期，秉持著人道主義，投入國際難民的救助活動，雖然他因心臟病過世後，但是為了感念他的精神，國際聯盟成立了「南森國際難民辦公室」繼續從事國際難民的救助活動，影響深遠。

快跟著 Super 導遊一起認識挪威！

挪威 自然景觀 之旅

國家首都	奧斯陸
飛行時間	15 小時 15 分鐘
當地時間	臺灣 –7 小時
國土面積	臺灣 10.7 倍大
貨　　幣	克朗 NOK（kr）

奧斯陸

挪威著名的四大峽灣

　　峽灣是挪威最有代表性的自然景觀。冰川侵蝕河谷，形成了許多「U」和「V」字形的山谷，當海水流入這些峽灣後，就成了現在看到的美麗風景，松恩峽灣（Sognefjorden）、傑蘭格峽灣（Geirangerfjorden）、哈當厄爾峽灣（Hardangerfjorden）及呂瑟峽灣（Lysefjorden）是挪威的四大峽灣。

　　松恩峽灣是世界上最長、最深的峽灣，全長 204 公里，也是挪灣最大的峽灣，登上觀光船，可以看到終年積雪的山頭，景色相當壯觀。傑蘭格峽

坐船遊峽灣，北國的風景盡收眼底！

傑蘭格峽灣路途中的
七姐妹瀑布

灣，是挪威峽灣中景色最為美麗
的，2005 年被聯合國教科文組
織列為世界遺產，全長 15 公里，
許多瀑布沿著陡峭的岩壁流入峽
灣，七姐妹瀑布、求婚者瀑布及
新娘的面紗瀑布，都是深受遊客
喜愛的景點。

記得要坐船欣賞
冰河峽灣的風景呵！

挪威三大巨石

　　挪威除了峽灣特色外，奇石巨岩也讓人嘖嘖稱奇，其中三大奇岩最受矚目。位於呂瑟峽灣的謝拉格山（Kjerag），有顆卡在海拔 900 公尺高的兩塊巨岩裂縫中的石頭，被稱為「奇蹟岩」，奇蹟岩上只能容納兩個人站立，每年吸引了許多膽子大的遊客前來冒險嚐試。

　　位在挪威西南部的聖壇岩（Preikestolen），聳立於呂瑟峽灣 600 公尺高度，形狀看起來像佈道台，是 25 平方公尺見方的岩石，是三大奇岩中較易親近的。巨人之舌（Trolltunga）位於霍達蘭郡奧達（Odda）小鎮的峽谷，又被稱為惡魔之舌，巨人之舌海拔 1,100 公尺，得花上近 8 小時路程才能到達，它是從山脈上延伸出來的臥式岩，站在上方，能欣賞壯麗的風景，讓人心情為之開闊。

謝拉格山

聖壇岩

巨人之舌

有機會可以試試
自己的膽量呵！

高福利國家

　　挪威是世界產油國之一，因生產石油，政府擁有充足的財源，再加上高稅率，所以挪威政府能夠擬定相當完善的社會福利政策，從各個面向照顧民眾的生活，像幼兒出生後到 18 歲之前，每個月都可領補助金，失業者也可領失業救助金，勞工每年有 5 週假期，政府還會補助旅遊津貼等，周全的福利政策，讓挪威民眾的幸福指數在全球名列前茅。

特隆姆瑟看極光

　　特隆姆瑟（Tromsø）是挪威位在北極圈內最大的城市，是極地探險的前哨站，雖然在北極圈內，但因交通及生活便利，特隆姆瑟被評選為世界最佳北極光的觀測地點。特隆姆瑟擁有「北極之門」的稱號，有地球最北的大學──特隆姆瑟大學，最北的新教教堂──路德大教堂（Tromso Lutheran Cathedral）及北極大教堂（The Arctic Cathedral），這些都是遊客來到特隆姆瑟必訪的景點。

　　炫麗的極光，讓許多人為之嚮往，但因極光出現的時間無法準確預測，所以，得密切注意極光預測網站和天氣預測網站，才不會撲空敗興而歸，想看極光，得在零下 40、50 度的戶外長期等待，所以，確實做好保暖工作，也是追極光時，不能忽略的重點。

鮭魚

　　挪威出產的鮭魚（Salmon）熱銷全球 150 多國，品質保證是挪威鮭魚大受歡迎的主因，每年也為挪威創下幾十億美元的出口產值。

　　從飼養的海域挑選，到飼料、疫苗，挪威人注重每個環節，每批鮭魚上市時，品質保證書和生產過程的文件都不可缺少。除了養殖技術高超外，挪威還擁有全世界空運魚最龐大的機隊，從捕撈上船、空運至全世界的批發商，時間不會超過 21 個小時，有效、快捷的動作，各地的客戶才有機會品嘗到新鮮的挪威鮭魚。

瑞典 Sweden

北歐大國工業強，
諾貝爾獎世界響，
福利保障寬又廣，
生活幸福好安康。

諾貝爾

一場突如而來的大火，讓諾貝爾家中經濟瀕臨破產，直到 9 歲時，情況才有所改善，20 歲時，諾貝爾開始在父親開設的機械鑄造廠裡工作。

那段期間，諾貝爾熟悉了地雷、水雷和黑色火藥的生產流程，同時，也開始研究如何製造大炮和蒸汽機。1853 年，俄與英、法爭奪小亞細亞，爆發克里米亞戰爭，工廠接到大量武器的訂單，家裡的經濟達到高峰，但好景不常，俄國戰敗後合約終止，再度面臨破產危機。

諾貝爾和兩位哥哥決定待在俄國，挽救父親的工廠，這時，諾貝爾全力投入發明，他用 2 年的時間完成了氣體計量儀、液體計量儀、改良型的液體壓力計，這三項發明帶給諾貝爾相當大的信心。

「諾貝爾，曾經有化學家認為硝化甘油能夠取代黑色火藥成為炸藥。」

諾貝爾和父親分頭研究運用硝化甘油製造炸藥的方法，歷經無數次實驗和失敗，父子倆終於成功了。取得專利後，諾貝爾著手火藥的生產，而來自各地礦山和隧道工程的訂單如雪片般而來。

「我們終於成功了！」

以為能一帆風順的事業，因為火藥工廠發生爆炸事件，當地政府不准諾貝爾在市區製造火藥，眼看投下的資金血本無歸，訂單無法如期交貨，諾貝爾的父親深受打擊而中風病倒。

後來，諾貝爾決定把工廠建在船上，在搖晃的船上製造火藥，順

利地解決了這次的危機。

「硝化甘油是一種危險的液體，若保存和運送的過程中，稍有疏忽，那麼後果不堪設想。」

「不能因為疏失，讓大家排斥使用硝化甘油，我要改變大家的想法。」

諾貝爾開始到各地說明硝化甘油火藥的優點，同時，他也積極研究把液體的硝化甘油變成固體的方法。

經過一年的努力，諾貝爾終於研究出了固體的炸藥，在世界各地更廣泛地使用，也產生了劃時代的影響。除了炸藥外，諾貝爾還發明了許多的物品，他一生中取得的發明專利權，高達 355 項以上。雖然諾貝爾的人生並不順遂，也經歷了許多挫折失敗，但是他都未被擊倒。生命後期，對於自己發明的炸藥，被運用在戰爭用途感到失望，於是立下遺囑，把自己的財產轉化基金，獎勵為人類做出卓越貢獻的人。

1991 年開始，「諾貝爾獎」創立，共分成物理、化學、醫學、文學與和平等 5 個獎項。1969 年，瑞典銀行出資增設經濟學獎。每年諾貝爾獎的得獎者名單都深受全球關注，被視為是各領域最高成就與榮譽。

關於 諾貝爾 Alfred Nobel （1833 – 1896）

阿佛烈·諾貝爾是一位偉大的發明家，擁有 300 多項發明專利，除了發明炸藥外，也發明了「雷管」，能讓炸藥完全的爆炸，確立了爆炸技術中的「起爆」原理，對於後世的影響甚巨。因為炸藥的生產，諾貝爾的公司遍佈於全球 20 多個國家，已然是實至名歸的企業家，然於辭世後，將所有的財富設立基金會，創立「諾貝爾獎」，影響至今，成為世人的典範。諾貝爾博物館已於 2001 年，諾貝爾獎 100 週年時正式啟用。

快跟著 Super 導遊一起認識瑞典！

瑞典 北歐生活 之旅

國家首都	斯德哥爾摩
飛行時間	16 小時
當地時間	臺灣－7 小時
國土面積	臺灣 12.4 倍大
貨　　幣	克朗 SEK（kr）

斯德哥爾摩

創新之國

　　人口總數將近 1,000 萬人口的瑞典，對於現代工業社會有著重大的貢獻，以平均人口數的比例而言，瑞典的跨國公司數及專利發明數，都是全球第一。瑞典是世界上最先進的工業國家之一，汽車製造業（Volvo 富豪汽車）、軍事工業、電訊業（Ericsson 易立信手機品牌）、網路科技（Spotify 音樂串流品牌）、家具設計零售業（IKEA 宜家家居）等都是傲人的產業，瑞典擁有不少國際知名品牌，多家企業都是全球 500 大企業。

據說日本宮崎駿動畫《魔女宅急便》的場景就是參考斯德哥爾摩老城區的街道繪製的！

　　生活中許多物品都來自於瑞典人的發明，汽車安全帶是瑞典 Volvo 工程師 Nils Bohlin 的發明，擁有「V 型三點式安全帶」專利；瑞典也是最早立法規定，車上必須繫安全帶的國家，這是交通安全史上最重要的發明之一；牛奶，果汁等使用的液體紙包裝，也來自瑞典人的點子，利樂公司（Tetra Pak International S.A.）所生產的「利樂包」，是重要的出口產品。另外，像活動扳手、拉鍊、心律調節器等生活用品也都是瑞典人發明的呵！

找找看生活中還有哪些生活用品是來自瑞典呢？

音樂之國

位處於北歐的瑞典，是僅次於美國和英國，世界第三大流行音樂出口國，瑞典歌手不僅在英國和美國的音樂排行榜有不錯的成績，在亞洲的表現

也不容小覷，瑞典國寶樂團「ABBA」更是風靡全球，唱片銷售量高達 2 億張以上。

瑞典每年有超過 40 個大型音樂節，從人才培業、資金投入，再到創業到行銷通路，瑞典政府都有完整的產業方案，因此帶動音樂產業的活躍。

福利人權之國

瑞典的貧富差距小，是全球公民人權最有保障的國家之一，也是男女平權的模範國家，在政府等官方機構，女性工作者占 55% 以上，議會中占 45% 左右，瑞典也是世界上第一個立法規定，無論是父母，還是教師，威脅恐嚇和打罵兒童都是犯法行為的國家。

Fika 提升活力

「fika」是瑞典人的活力來源。「fika」源於瑞典文的「咖啡」一詞「kaffe」，指的是喝咖啡、吃甜點、聊天的休息時間， fika 使得瑞典人身心更快樂。一天內有兩次 fika，分別是在早上 10 時和下午 3 時，有研究顯示，fika 能提高生產力，所以瑞典人即使工作壓力不低，幸福指數排名還是高居不下呵！

生活萬花筒/伴手禮

肉桂卷

大飽口福的甜點節

瑞典人愛吃甜食，甚至還制訂節日以特別的甜點來慶祝。

肉桂卷（Kanelbullar）是瑞典人的寵兒，每年 10 月 4 日是肉桂卷日；「懺悔星期二」要吃薩姆拉（Semla），也就是填滿奶油和杏仁醬的麵包。（根據基督教會的規定，復活節前 40 天是大齋期，大齋期來臨前的星期二就是懺悔星期二）；11 月 6 日要吃以巧克力或杏仁製作的國王頭像裝飾的奶油海綿蛋糕（Gustav Adolfsbakelse），以紀念在戰爭中陣亡的古斯塔夫二世——阿道夫國王（Gustav II Adolf）。

薩姆拉

國王頭像的
海綿蛋糕

達拉木馬

400 年前，位於瑞典北部西蓮湖邊的努斯奈斯（Nusnäs）小鎮，當地的林工們為孩子們做木馬，再根據馬背上五顏六色的馬鞍，為木馬塗上顏色。後來，，這些上色的木馬成為努斯奈斯小鎮的特色產品。1939 年，世界商品交易會，瑞典代表團將巨大的達拉木馬（Dala Horse）擺放在入口處，引起了大轟動，從此，瑞典達拉木馬聲名大噪。

北歐生活理念：工作是為了過更美好的生活！

45

比利時 Belgium

丁丁漫畫全球銷，
多種語言不煩惱，
知名伴手巧克力，
歐洲小國真驕傲。

湯姆·彼波

「我們可以請一位小丑來增加曝光度。」

湯姆·彼波的父母親在比利時開了一間店，為了增加知名度，他們請了一位小丑來表演。當看到父母付給小丑高額演出費時，湯姆腦袋裡激盪出新的想法。

「沒想到小丑的費用這麼高，也許我也可以來試試。」

小小的念頭，讓湯姆開始了他的娛樂之路。為了建立在舞台上的個性及表演形式，湯姆開始學習演戲和啞劇課程，他認為將這兩者結合，演出能更加完整。

湯姆的圓夢之路走得並不順利，但他還是堅持自己的信念，不停地想方法豐富表演內容，後來，他決定將氣球藝術融入在他的表演之中，為了呈現完美的表演，他總是不停的練習、練習，再練習，最後，終於有了不錯的迴響。

「湯姆，你鑽進氣球裡的表演真是太精采了。」
「為了它，我可是花了不算短的時間練習呢！」
「這個表演真不容易。」
「我必須要練習到非常熟練，呈現輕鬆的狀態，觀眾才能盡興的欣賞。」

湯姆認為要成為一名成功的藝術家，必須對這項職業非常感興趣，然後，日復一日不間斷的訓練，即使感到孤獨或寂寞，還是不能放棄。

從 18 歲開始，湯姆踏入這個領域後就沒想過轉行。雖然他認真為每場表演準備，但總還是有不如人意的情況出現。

「這場演出真糟糕，我要牢牢記住這一回的失誤，不再讓這種情況發生。」

不完美的演出從未擊倒過湯姆，反而讓他更加堅定，對於想實現的目標，他總是百分百的全力以赴。

「我要為觀眾成為最好的湯姆。」

全心全意的投入，讓湯姆・彼波成為優秀的氣球雕塑藝術家，當名聲越來越響亮，世界各地的邀約也如雪片般而來。為了讓各地民眾都能融入表演的歡樂氣氛，湯姆在事前會花不少時間做功課，除了先在網上搜集資料外，他還會利用整天時間觀察當地文化。有了基本資訊後，湯姆開始設計最符合當地民眾期待的表演。

「前三場的演出是測試，三場後，我就知道該怎麼做了。」

為了成為國際級的氣球藝術家，湯姆・彼波花了段不算短的時間。雖然起步辛苦，但他從未動搖，對於每回演出，他總是努力把握，盡力達到百分百的呈現，就是這樣的精神，湯姆・彼波才能在氣球藝術界大放異彩。

關於 湯姆・彼波 Tom Bibo
（1974 － ）

比利時國際知名的氣球藝術雕塑家，從事氣球藝術表演已有 18 年的歷史。並曾經獲得 1999 年比利時氣球藝術比賽冠軍、2000 年大型雕塑競標賽得獎者，也在比利時主持過節目「BOOH」。每次演出都做足 100% 的準備，勉勵自己要成為最好的藝術家。

快跟著 Super 導遊一起認識比利時！

比利時 漫畫卡通 之旅

布魯塞爾

國家首都	布魯塞爾
飛行時間	13 小時 50 分鐘
當地時間	臺灣－6 小時
國土面積	臺灣 6.5 倍大
貨　幣	歐元 EUR（€）

尿尿小童

尿尿小童（Manneken Pis）是全球知名的雕像之一，也是比利時著名的旅遊景點，關於「尿尿小童」的由來傳說紛紜，普遍最認同的説法和戰爭有關。

300 年前，布魯塞爾四週頻傳戰事，有回，敵方打算派人潛入城內埋下炸彈，然後伺機引爆，趁亂占領布魯塞爾，眼看計畫即將得逞，有個小男孩居然尿尿澆息導火線，導致攻城計畫失敗，他成為解救布魯塞爾城的英雄。為了表示對小男孩的感謝，當地政府於 1619 年，由比利時雕刻家傑羅姆‧杜奎斯諾伊（Jerôme Duquesnoy）打造了一座銅像，就是〈尿尿小童〉。

布魯塞爾大廣場建造於 12 世紀，
曾毀於戰爭，後來迅速的重建，有
最美麗的廣場之稱。

　　1698 年，巴伐利亞皇帝贈送第一件衣服
給尿尿小童後，其他國家和團體也紛紛跟進，
以表示友好關係。為尿尿小童換衣服，可不是
件簡單的事，因為他的手腳都不能活動，所以，
尿尿小童的每件衣服會分成 7 個部分，然後再
將每個部份連接起來。2018 年尿尿小童也首
度穿上台灣客家文化的藍衫、衫褲現身，成為
非常有意義的外交活動。

沒看過尿尿小童，就等
於沒去過比利時呀！

丁丁歷險記

1929 年，20 多歲的比利時漫畫家艾爾吉 Herge（本名 Georges Remi）創作漫畫《丁丁歷險記》（The Adventures of Tintin），主角丁丁成為家喻戶曉的人物，精通各國語言、能駕駛多種交通工具的丁丁，成為歐洲青年最希望擁有的好朋友。

《丁丁歷險記》被翻譯成 50 多種文字，全球賣出了 2 億冊以上，不同國籍的兒童和丁丁遨遊世界，增廣見聞，因為平等對待不同種族的人民、擁有良好的學習能力及豐富精采的生活體驗，所以，象徵和平、友誼和正義的丁丁大受歡迎。

藍色小精靈

《藍色小精靈》（The Smurfs）是 1958 年由比利時漫畫家沛優及其夫人共同創作的一部漫畫。1981 年美國國家廣播公司購買版權，製作並播放美國版的《藍色小精靈》動畫片。原著中地位不顯眼的「小美人」為主要人物，播出後受到全世界孩子的歡迎。當時台灣媒體也引進《藍色小精靈》動畫在華視頻道播出，成為許多 5、6 年級生的青春記憶。

比利時漫畫藝術中心

在比利時人心中，「漫畫」是「第九藝術」，漫畫藝術中心（Belgian Comic Strip Center）也是向比利時漫畫界致意而成立的。

艾爾吉在漫畫《丁丁歷險記》大受歡迎後，帶動了比利時的漫畫產業，提攜不少後輩漫畫家，也是漫畫博物館成立的重要推手之一。博物館內，除了膾炙人口的漫畫《丁丁歷險記》及《藍色小精靈》是展覽重點外，當地藝術家的漫畫手稿及其他國家漫畫家的作品，也是參觀時不能錯過的重點。

街頭漫畫牆

　　比利時人愛看漫畫，布魯塞爾街頭隨處可見到名家所畫的街頭漫畫牆，漫畫中的主角丁丁、藍色小精靈都現身於真實生活中。

　　1991 年，市政府為了美化部分建築的老舊空牆，與漫畫博物館合作彩繪舊牆計畫，結果大獲好評，現在布魯塞爾街頭漫畫牆的數量已超過 50 面以上。為了讓觀光客能欣賞到這些不同主題的漫畫牆，比利時觀光局還推出漫畫牆地圖，讓遊客能按圖索驥，和漫畫明星們來場驚喜的相遇，漫畫牆也成為布魯塞爾最讓人驚豔的公共藝術。

《藍色小精靈》卡通也是爸媽的童年回憶！

比利時語言多

比利時是少數沒有自己語言的國家，比利時位在歐洲各國文化交流的中心地帶，有來自各地不同的種族，雖然，政府曾想統一語言，但因各族都認為自己的母語該成為官方語，也就造成現在比利時北部講蘭德斯語、南部講法語和東部說德語的情況。

比利時鬆餅學問多

在比利時街道上，最常見的就是巧克力店和鬆餅店，鬆餅可是受歡迎的平民點心前三名。比利時鬆餅可分為「布魯塞爾」鬆餅（Brussels Waffle）及「列日」鬆餅，長方型、以麵糊方式烘烤的是布魯塞爾鬆餅，而列日鬆餅是以麵糰製作的不規則型鬆餅，以口感來說，布魯塞爾鬆餅較為鬆軟。

奶油、巧克力醬、冰淇淋、草莓、香蕉……都是食用鬆餅時常見的配料，現在，甚至還出現了鮪魚、玉米等鹹口味，不過，對比利時人來說，「甜」口味的鬆餅才是王道。

生活萬花筒 / 伴手禮

巧克力

　　比利時是巧克力王國，有超過 5 百個巧克力品牌（如 Godiva），不少遊客來到比利時，都會被甜蜜的滋味融化。

　　西非迦納是可可豆的產地，佔全球可可豆產量 70%，曾是比利時殖民地，因此，比利時巧克力都挑選高質量的可可豆為原料。另外，多樣的優質廠商也是比利時巧克力能獨占鰲頭的主因之一。雖然比利時生產大量的巧克力，但有 2 ／ 3 都出口，到比利時旅遊，是必帶的伴手禮。

荷ㄏㄜˊ蘭ㄌㄢˊ Netherlands

爭海造陸低地國，
鬱金飄香風車多，
梵谷故鄉賞名作，
起司乳酪真不錯。

梵谷

「讓梵谷到畫廊工作吧！」

16 歲的梵谷，在父親的安排下，到了伯父在海牙開設的辜比（Goupils）畫廊擔任店員，也開啟他對畫作欣賞的熱情。看似順利的工作，卻在梵谷調到倫敦分店時產生變化。感情上的挫敗讓他無心工作，結果落得被解職的命運，情感和工作的不順遂，使得梵谷的性格更加孤僻。

1879 年，梵谷到比利時波林納吉礦區擔任教士，看到礦區人民困苦的生活，梵谷的內心被重重撞擊。

「8 歲的孩子要幫忙運煤，13 歲得挖掘煤礦，30 歲罹患肺病，這些礦工們的生活真是太辛苦了。」

為了改善礦區居民們的生活，梵谷決定到煤礦公司為工人們爭取合理的工資及安全的工作環境，結果，不但徒勞無功，還引起教會的反彈，梵谷因此被解除了教士的職務，雖然這份工作的時間不長，卻埋下梵谷日後拾起畫筆的種子。

27 歲時，梵谷決定用筆畫出心中的想法及感受。當時，梵谷住家附近住了許多窮人，這也讓他想起生活苦難的礦工們。於是，他拿起畫筆畫出那些他無法救贖的人們，1880 年完成〈雪地裡的礦工〉，以及 1881 年〈肩負重擔的人〉都是梵谷對於生活苦難的礦工生活的憐憫。1885 年，梵谷完成了畫作〈吃馬鈴薯的人〉。

為了畫出更多的作品，1886年，梵谷搬到法國巴黎，投靠弟弟西奧。

當時，畫家的繪畫風格以寫實為主，但有些畫家卻將感覺融入畫中，而非畫出栩栩如生的實物，這些畫家被稱為「印象派畫家」，保羅．希涅克（Paul Signac）就是其中之一，他也是梵谷的好朋友。

「梵谷，你該嘗試運用不同的方式作畫。」

在保羅．希涅克的建議下，梵谷運用點點、長短線條及漩渦線條創作，在繪畫上，他不斷突破創作，但性情卻越來越古怪，就連弟弟西奧都無法忍受。最後，梵谷離開巴黎，搬到法國南部普羅旺斯的阿爾（Arles）居住。

畫家高更（Eugène Henri Paul Gauguin），是梵谷在阿爾認識的好友，兩人同住在一棟黃色房子裡，在黃屋內，梵谷創作了好幾幅明亮的作品，如〈黃房字〉、〈向日葵〉、〈阿爾的房間〉等，這也是他創作最旺盛的階段，曾經在 26 天內，創作了 18 幅畫作。

原本與高更和平相處的梵谷，後來卻因繪畫問題而產生嚴重爭執，梵谷的精神狀態每況愈下，直到有一天，他突然割下了自己的一個耳朵送人，大家才知道梵谷生病了。1890 年，梵谷在田野中朝自己的胸部開了一槍，兩天後過世，結束了 37 年的生命。

短短 10 年的繪畫生涯，梵谷卻留下不少令人讚嘆的作品，也深深影響 20 世紀的藝術發展。

關於 梵谷
Vincent Willem van Gogh
（1853 – 1890）

梵谷短短 37 歲的人生，每個階段都不是很順利，27 歲開始畫畫，才找到自己的生命出口。他被歸為「印象派」畫家，畫作時常流露出對於貧苦人們、土地的關愛，《梵谷傳》中文版的譯者余光中在書序中說到：「他的畫，生前沒人看得起，死後沒人買得起。」梵谷生前的作品，成就了百年來崇高的藝術成就。

快跟著 Super 導遊
一起認識荷蘭！

荷蘭 花都 之旅

國家首都	阿姆斯特丹
飛行時間	17 小時 15 分鐘
當地時間	臺灣－7 小時
國土面積	臺灣 1.1 倍大
貨　　幣	歐元 EUR（€）

阿姆斯特丹

庫肯霍夫公園

　　占地 33 公頃的庫肯霍夫公園（Keukenhof），是世界上最大的花園，也被稱為「歐洲花園」，種植花卉數量高達 700 萬株，除了荷蘭國花鬱金香外，還有水仙花、風信子和許多難得一見的珍稀品種，也是全球最大的球莖花卉花園。每年的 3 月至 5 月舉行的花展，總是吸引滿滿的遊客，除了賞花外，長達 40 公里的花車遊行，也是活動中的重頭戲。

　　庫肯霍夫地名在荷蘭文原本是「廚房花園」，也就是「keuken（廚房）」與「hof（花園）」兩個字合起來的意思。15 世紀時，它是貴族的狩獵地，直到 1949 年，一群來自麗絲（Lisse）花農將其規畫為花園，隨著投入栽

風車和鬱金香花園
都是最具象徵的荷蘭風景！

種行列的花農人數越來越多，花卉的種植數量及種類也直線上升，造就世界第一花園的規模。每年 9 月底，花農們會在庫肯霍夫公園種下 700 萬株不同花種的球莖，等到隔年春天，花園內百花齊放、爭奇鬥豔，美景讓人流連忘返，美不勝收。

風車、木鞋、鬱金香
號稱是「荷蘭三寶」。

水上花市——辛格花市

　　位於阿姆斯特丹的「科林思廣場」（Koningsplein）及「慕特廣場」（Muntplein）間的辛格運河（Singel），擁有荷蘭有名的水上花市——辛格花市（Singel Bloemenmarkt）。17 世紀時，許多花農開著船，載著鮮花沿運河到市區叫賣。1862 年時，成立了水上花市。現在數十間花店開在運河上的船屋，已成為當地特殊景象，在這裡可以找到荷蘭各式各樣的植物和花卉，已是熱門的觀光景點。

阿斯米爾鮮花拍賣市場

　　阿斯米爾鮮花市場（Flower Auction Aalsmeer）是荷蘭最大的鮮花拍賣市場，也是全球最大的鮮花交易市場，世界各地的花卉經由空運、陸運或海運進入拍賣市場，再透過拍賣鐘的交易，運送到其他國家。阿斯米爾鮮花交易市場平均每天拍賣上千萬朵花及上百萬的盆栽植物。

　　拍賣鐘是一種有趣的交易方式，拍賣鐘的指針會由高價錢往低價格轉，當買家按下按鈕，指針停止的地方就是銷售價格。然後，買家再決定購買的數量，在阿斯米爾鮮花市場交易的花卉中，玫瑰的交易量是大宗，其次是鬱金香和菊花。

荷蘭人是節能高手

　　1992 年，荷蘭開始徵收能源稅，使用電力、天然氣和燃油等，都需要繳稅。為了減少支出，荷蘭人從日常生活中精打細算，也因此成為節能高手。

　　不少人會善加利用「尖峰時段分別計算法」來節約能源和金錢，「尖峰時段分別計算法」就是不同時段會有不同的水電費計價方式，像夜間和週末時段的水電費價格較低，所以許多荷蘭人會利用晚上洗衣服，或把髒碗盤、髒衣服累積到週末才清潔。

花卉產業是荷蘭國家重要的收益。

荷蘭博物館總數居全球之冠

　　荷蘭的博物館數量高居全球之冠，首都阿姆斯特丹就擁有 42 座博物館，像博物館廣場周遭有梵谷博物館（Van Gogh Museum）、荷蘭國立博物館（Rijksmuseum）及市立現代藝術博物館（Stedelijk Museum of Modern Art）3 大熱門博物館。

　　梵谷博物館收藏了畫家梵谷生平故事、作品，遊客可以從作品了解梵谷的生活與創作；國立博物館是荷蘭最大的博物館，收藏許多荷蘭藝術大師的作品；而現代藝術市立博物館展則是展出不同時期各畫派知名藝術家的畫作。

國立博物館是荷蘭最大的博物館

生活萬花筒 / 伴手禮

乳酪

　　荷蘭是世界有名的酪農王國，也是最大的乳酪輸出國，荷蘭人平均每年吃掉 8 公斤的乳酪，荷蘭乳酪種類眾多，其中以高達（Gouda）起司與艾登（Edam）起司最為有名。

木鞋

　　早期荷蘭人為了在潮溼的環境下工作，大多穿著耐用的木鞋（Klompen），因此，「木鞋」和荷蘭畫上了等號。時至今日，從擺飾、磁鐵到小鑰匙圈的木鞋造型伴手禮，成為觀光客指名購買的商品。

為什麼有些小朋友不上課，反而去工作呢？

　　兒童是國家未來的希望，擁有均衡的身心發展，接受充足的知識教育，才能為國家創造更多的可能。但有些小朋友卻在發育的重要階段，從事苦力工作，不僅對健康產生影響，更可能造成一輩子的傷害。

為什麼會有童工？

　　在許多落後及未開發的國家，為求生活溫飽，兒童被當成勞工，是非常普遍的現象，那麼，是不是西方先進國家就沒有出現童工呢？事實上，19世紀工業革命時，英國就曾出現了大量的童工。

　　為何要雇用童工？因為小朋友在從事某些工作時，占有優勢，小孩個頭小，開礦時能深入礦坑內部，小手靈巧適合紡織等，除此之外，兒童的體型及能力不足，沒有反抗力量，不會爭取自身權益，主人不需要提供大量食物，

進而減少花費支出，這些都是工廠或企業喜歡雇用童工的原因。

19 世紀時，英國童工的問題相當嚴重，後來有人關注到這個問題，於是，開始大聲疾呼倡議，英國成了第一個立法禁止童工的國家，而其他國家也陸續跟進，以立法或行政命令的方式禁止童工。

童工對小朋友的影響

當小朋友生心理發展還不夠成熟時，長期投入工作，極有可能造成一輩子的傷害，像身體肢體需生長發育時，卻長時間以相同姿勢工作，可能會導致姿勢不良、駝背等後遺症。

而工作職場中的意外事件，像礦坑爆炸或機器倒塌，也導致不少小朋友在小小年紀就成了殘障。除了健康和肢體傷害外，更大的影響是這群投身工作的兒童，失去了受教育的機會，等到長大後，沒有從事其他工作的能力，根本無法有效改善生活。

小朋友，你可以怎麼做？

對於小朋友而言，受教育是相當重要的，因為知識就是力量，才有開創未來的希望，因此聯合國兒童公約規定每位兒童都有受教育的權利，而許多國家也立法嚴禁企業或工廠雇用童工，雖然如此，仍然有些國家出現大量童工。

可以怎麼幫助那些小童工呢？可以在網路上搜尋幫助童工的組織，寫信鼓勵那些生活辛苦的小朋友，甚至運用擁有的資源協助他們。越多人關注這方面的新聞和資訊，改變的力量才能越強大。

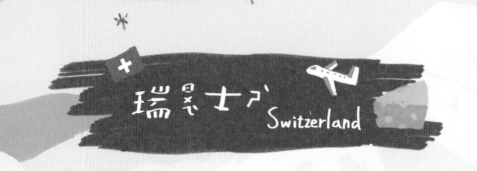

瑞士 Switzerland

阿爾卑斯的傳奇，
鐘錶工業是第一，
冰河旅遊好驚喜，
世界花園等著你。

亨利・杜南

亨利・杜南的父親是位成功的銀行家，從小他跟著父母親到慈善機構或醫院服務，父親的教誨一直深植他心中。1859 年，亨利・杜南因做生意，途經義大利的蘇法利諾（Solferino）小鎮，當時，法國和撒丁尼亞的聯軍正與奧地利軍隊在蘇法利諾對戰。

「無論是山谷，還是壕溝，到處堆滿了屍體，太殘忍了。」

戰場上的屍體被堆成了山丘，腐敗的屍體吸引不少動物啄食，亨利・杜南被眼前悲慘的畫面，狠狠刺痛。他不忍那些的軍官為國家犧牲了性命，死後卻沒任何尊嚴，於是，他揮動雙臂趕走大鳥，同時，鏟起泥土覆蓋在那些屍體上，插起十字架，為他們祈禱。

除了死亡的士兵外，戰場上還有身受重傷，沒水和食物，也缺乏照顧，臉上流露出痛苦和無奈的士兵們。

亨利・杜南在附近高地上的切薩瑪吉雷大教堂，成立了臨時的醫療所，他召集醫生、護士和婦人組成急難小組救治傷兵，因為傷亡人數不斷增加，週遭的教堂、大學和鎮上建築物內，全擠滿了來自不同戰場、不同國籍的傷兵。

為了給傷兵們更好的照顧，亨利・杜南變賣自己的隨身衣物，捐出大筆金額，購買食物和必需品，當亨利・杜南在蘇法利諾的善行傳開後，不少歐洲企業家和醫生，紛紛運送物資或放棄高薪來到醫療所支援。

蘇法利諾戰役帶給亨利・杜南相當大的震撼和影響，1862年，他將個人經歷寫成《蘇法利諾的回憶》（Un Souvenir de Solferino），並自費出版。他在書中積極建議成立國際中立的救援組織，以便日後戰爭發生時，能即時救助受傷的人員，之後，亨利・杜南四處奔走說明他的想法，希望能避免憾事再次發生。

「我打算邀請四位瑞士有名望的人士，包括日內瓦公共福利會長莫瓦尼埃、杜福爾將軍、阿皮亞醫生、莫諾瓦醫生和我，共同成立國際組織。」

1863 年，亨利・杜南成立了「救援傷兵國際委員會」，也就是「紅十字會國際委員會」的前身。1864 年，16 個國家代表在日內瓦召開外交會議，其中 12 個國家當場簽署了「日內瓦公約」，確立了紅十字會的名稱與標誌，「日內瓦公約」又稱為「國際人道法」或「紅十字法」。

由亨利・杜南創立的紅十字會，是國際上知名的人道組織，以保護人類的生命及健康為宗旨，無論任何的國籍及種族，紅十字會都會無私地給予協助和援助，直到現在，紅十字會仍秉持亨利・杜南當年創立的精神，繼續為全人類提供服務。

關於 亨利・杜南
Jean Henri Dunant
（1928-1910）

原本是銀行家之子，因為目睹一場戰爭的殘酷，亨利・杜南終其一生為人道救援奔走，創立「紅十字會」，至今依然秉持他的創立宗旨，持續不分國籍、宗教和種族為人類的生命與健康服務。亨利・杜南晚年在瑞士海登低調隱居，1901 年獲得諾貝爾和平獎，1910 在療養院過世。1948 年，國際紅十字協會理事會將他的生日 5 月 8 日訂為「世界紅十字日」，同時把國際紅十字會所頒發的最高榮譽勳章，訂定為「亨利・杜南獎章」。

快跟著 Super 導遊一起認識瑞士～

瑞士 自然景觀 之旅

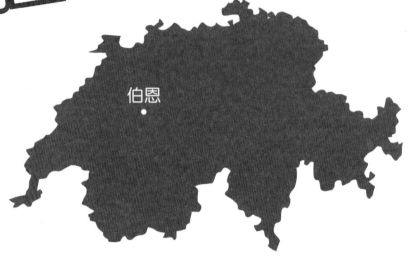

伯恩

國家首都	伯恩		
飛行時間	12 時	國土面積	臺灣 1.1 倍大
當地時間	臺灣－7 小時	貨　　幣	法郎 CHF

歐洲屋脊——少女峰

　　瑞士境內的少女峰（Jungfrau）位於中部的伯恩高地，與艾格峰（Eiger）、僧侶峰（Mönch）並連，屬於阿爾卑斯山脈，高度為 4,158 公尺，雖然不是歐洲最高峰，但被稱為「歐洲屋脊」，2001 年被聯合國教科文組織列入世界自然遺產，是瑞士人氣極高的觀光景點。

搭火車攀登少女峰，
可欣賞壯麗的雪景與山景！

　　歐洲海拔最高的火車站、郵局及餐廳都位在少女峰，遊客可以搭乘齒軌火車前往。擁有百年歷史的少女峰齒軌鐵路是為攀爬陡峭山壁而專門設計的。從山下的茵特拉肯東站（Interlaken Ost）到山上火車站，鐵路火車有兩個路線，經格林德瓦（Grindelwald）到小謝德格（Kleine Scheidegg）或經勞特布倫嫩（Lauterbrunnen）到小謝德格，最後一段登山鐵路，乘齒軌鐵路列車從小謝德格出發前往少女峰，整條鐵路耗費了 16 年時間及人力才完成，總計 9 公里長，包含火車站，有四分之三都在隧道內。

瑞士除了有雄偉的自然景觀，
也是永久中立國之一。

世界奇峰——馬特洪峰

　　海拔 4,478 公尺的馬特洪峰（Matterhorn），是瑞士最具有特色的地標，好萊塢派拉蒙影業的 Logo，環繞著 22 顆星星的山就是馬特洪峰，「金字塔造形」是許多人對於馬特洪峰的印象。

　　馬特洪峰位於瑞士與義大利邊境，臨近策馬特（Zermatt）小鎮，由於攀登不易，馬特洪峰成為阿爾卑斯山脈中，最後一個被征服的主要山峰，之後，瑞士政府興建登山火車及纜車，讓遊客能輕鬆一覽壯闊的山景。

　　馬特洪峰的登山火車，是瑞士第一條電氣化齒輪鐵道，也是全歐洲最高的露天齒軌火車，有歐洲海拔最高的纜車站，在山頂上可以看到 29 座超過 4 千公尺以上的高山。

瑞士最親民的山峰──鐵力士山

　　瑞士超過 4,000 公尺的高山，將近 40 座，不少都是終年積雪，因此造就瑞士人喜愛登山和滑雪。眾多山嶽中，位於琉森市（Luzern）附近的鐵力士山（Mount Titlis），便利的交通及較平價的登山費用，堪稱是瑞士最「親民」的一座山。

　　360 度的旋轉纜車、橫跨在 3,041 公尺深谷上的網狀鏤空吊橋及各式滑雪設施，都是鐵力士山的觀光亮點，因此，終年來自各國的觀光客絡繹不絕。

鐵力士山的吊橋據說是歐洲最高、最可怕的天空步道！

到瑞士滑雪也是很受歡迎的旅遊行程。

日內瓦花鐘

　　為了紀念瑞士製錶大師，1955 年，日內瓦興建了直徑 5 公尺、周長 18 公尺，秒針 2.5 公尺的巨大花鐘（L'horloge fleurie），是日內瓦著名的地標。花鐘總共使用了 6,500 多朵花及灌木製作而成，會隨著四季更替不同花卉，展現多樣的風貌。

瑞士是第一個永久中立國

　　所謂的「中立國」是指可以保持軍備，但不進口高端武器；不參加他國戰爭；不主動發動戰爭，受到其他國家攻擊時，可以進行自衛戰；沒有設在他國的軍事基地。瑞士從 1815 年宣告中立國政策，獲得國際承認，目前共有 7 個永久中立國：瑞士、瑞典、芬蘭、奧地利、愛爾蘭、哥斯大黎加、土庫曼等。

瑞士人愛吃起司鍋

　　起司鍋是瑞士餐桌上常見的家常料理，起源於 18 世紀，1930 年代，瑞士乳酪聯盟提倡起司鍋為國民美食。

　　起司鍋以黏稠起司為湯底，火鍋料則是硬麵包、蔬菜和水果，以長叉子將火鍋料放入起司鍋內，沾滿起司後進食。若男生不小心把叉子上的麵包掉進鍋內，則必須請整桌的人喝酒；若是女生發生失誤的話，則必須親吻鄰座的人。

生活萬花筒/伴手禮

瑞士錶

　　400 多年前，第一支瑞士鐘錶在日內瓦誕生，數百年來，鐘錶師父不斷改良鐘錶技術，造就瑞士成為世界鐘錶業中的佼佼者。瑞士生產的鐘錶，有 95% 出口，占全球鐘錶產值的二分之一。品牌有平價的 SWATCH 到高價位的江詩丹頓等，成為瑞士舉世聞名的重點產業。

瑞士刀 (Swiss Army knife)

　　瑞士的刀器本來是由德國人設計製作，1891 年，當經營刀具工廠的瑞士人凱瑞（Karl Elsener），設計出結合多種功能的小刀後，大受歡迎，他也成了瑞士軍刀的供應商 VICTORINOX，現在，精巧實用的瑞士刀，成了瑞士知名的伴手禮。

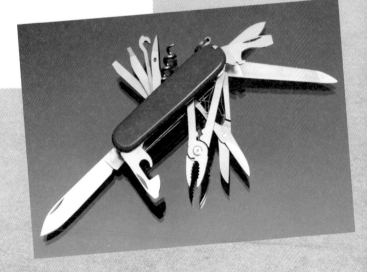

西¹ 玡ˇ玡ˊ牙ㄚˊ Spain

熱情南歐文化國，
紅布鬥牛勇士多，
達利米羅畢卡索，
藝術建築滿街頭。

畢卡索

「這位年輕畫家將來一定大有可為。」

「聽說他 4 歲時就提筆畫畫呢！」

15 歲那年，畢卡索在巴賽隆納市展覽會上，展出〈第一次聖餐〉（The First Communion）畫作，成為畫壇的新星引起了注意。

畢卡索喜歡在夜晚創作，有時畫好一幅畫，他會不停地在同一主題的畫上修稿，他是位多產的畫家，作品包括油畫、素描、版畫等，將近有 3 萬 7 千多件。

對於生活充滿探索熱情的畢卡索，因個人經歷而有過不同時期的創作特色，1901 年到 1904 年，

是畢卡索的「藍色時期」。

「畢卡索，為什麼你的畫裡看不到鮮豔的色彩？」

「現在法國、西班牙全彌漫著消沉的氣氛，而好友卡薩蓋馬斯（Casagemas）的死訊，也讓我陷入抑鬱的情緒，只有藍色能表現出我心中灰暗的心情吧！」

後來畢卡認識了為雕塑家工作的模特兒費爾南德・奧利佛（Fernanda Olivier），他們開始相戀，他的畫作進入「粉紅時期」，代表作品有〈拿著菸斗的男孩〉（1905）。1907 年至 1909 年，畫風明顯受非洲雕塑的影響，屬於「非洲時期」（又稱為「黑人

時期」或是「黑色時期」）；1907年，他完成了〈母親與孩子〉，這幅畫是他創作生涯的轉捩點，畫中的母親與孩子的臉孔有著特殊的色彩及構圖，這樣的創作構想，來自於巴黎的大洋洲與非洲博物館的震撼。該時期最著名的畫作還有〈亞威農少女〉（1907）。

「藝術並不是複製現實事物，而是出自於對事物的感受。」

有了這樣的體會後，畢卡索不再理會他人的想法，1909年，畢卡索與法國畫家喬治・希拉格（Georges Braque）創立了立體派，進入「立體主義時期」，立體派創作對西方美術有極大影響，作品有：〈海灘上奔跑的婦人〉、〈坐著的女人〉、〈夢〉等。因此，畢卡索又被稱「20世紀美術最偉大的大師」。

因為勇於挑戰一般人對藝術的既定觀念，所以，畢卡索的作品總引起許多爭論，但畢卡索並不會因為旁人的眼光而有所改變，他不斷地挑戰、尋求新的創作靈感，憑藉獨特的畫風，他開創了現代藝術的新風格。

關於 巴勃羅・畢卡索
Pablo Picasso
（1881 – 1973）

20世紀當代最偉大的藝術家畢卡索，是一位非常多產的藝術家，除了上萬件畫作外，還有相關雕塑、陶藝、版畫等作品；享壽92歲，藝術生涯可分為：「藍色時期」（1901-1904）、「粉紅色時期」（1904-1906）、「非洲時期」（1907-1909）、「立體派時期」（1917-1924）。他曾說過：「風格是藝術家最大的敵人。」多元且精彩的藝術風格，值得後世不斷的追尋與探究。

快跟著 Super 導遊一起認識西班牙！

西班牙 藝術美學 之旅

馬德里

・

國家首都	馬德里
飛行時間	17 小時
當地時間	臺灣 +7 小時
國土面積	臺灣 13.9 倍大
貨　幣	歐元 EUR（€）

聖家堂

　　聖家堂（Sagrada Familia）是西班牙
著名的地標，也是上帝的建築師——高第
（Antoni Gaudii Cornet ,1852 － 1926），
最為人所熟知的作品。高第設計的建築物，
捨棄傳統方形、圓形、三角形等幾何圖樣，
他以自然為師，發展出以自然植物、螺旋
體、拋物曲線為主，令人讚嘆的造形。

　　聖家堂原名「神聖家族贖罪大教堂」，

西班牙「鬥牛」雖是西班牙的傳統，
但也是極度危險的活動。

1882 年動工興建，高第是第二任建築師，他花了 43 年投注於聖家堂建造工作，甚至還搬到工地居住，但在他車禍意外身亡後，聖家堂的工程也跟著停擺。100 多年來，聖家堂尚未完工，直至 2018 年才與巴塞隆納市議會達成協議，取得建造執照。依靠私人捐款和觀光遊客提供的經費修建，預計 2026 年完工。雖然尚未完工，但聖家堂已被聯合國教科文組織列入「世界文化遺產名錄」。

高第享有「上帝的建築師」的美譽，17 座建築作品中就有 7 座被列為世界遺產，有奎爾宮（Palacio Güell）、奎爾紡織村教堂（La Cripta de la Colonia Güell）、奎爾公園（Parc Güell）、巴特由之家（Casa Batllo）、維森斯之家、米拉之家（Casa Mila）、聖家堂等。

聖家堂的確是偉大的
建築，期待它完工。

畢卡索美術館

西班牙是藝術大國，擁有許多優秀的藝術家及建築作品。位在巴塞隆納（Barcelona）的畢卡索博物館（Picasso museum），是世界上第一間專門收藏畢卡索作品的博物館，館藏品共超過 4 千件。另外，馬德里最有名的普拉多博物館，也能看到畢卡索與達利的作品。

畢卡索是抽象派畫家的代表，〈阿爾及爾的女人〉、〈夢〉、〈裸體、綠葉和半身像〉、〈抽菸斗的男孩〉等都是為人所熟悉的畫作，每幅畫拍賣價格都高達上億美金。其實，畢卡索生前作品就大受歡迎，死後被政府課徵 6 億元遺產稅，家人無力繳交稅金，最後以畫作來抵稅。

西班牙鬥牛

每年 4 月復活節到 10 月的週日或節日慶典，西班牙都會舉辦鬥牛活動（bullfighting，西班牙語 Corrida de toros），其實，鬥牛是從狩獵演變而來的。中世紀時，國王加冕、結婚、或皇太子出生等活動時，王公貴族會駕馬刺牛助興。6 世紀時，西班牙國王卡洛斯一世為慶祝王子誕生，他在鬥牛場上親手殺了一頭牛，18 世紀後，鬥牛成為民間傳統娛樂活動。

西班牙人把鬥牛活動視為冒險刺激的挑戰，全國鬥牛場有 300 座以上，還有鬥牛學校訓練鬥牛士。近幾年，不少人建議西班牙停止殘忍的鬥牛活動，但對於這項傳統活動，西班牙人還是樂此不疲。

米羅美術館

設立於巴塞隆納的米羅美術館（Fundacio Joan Miro），是全世界收藏畫家米羅（Joan Miró，1893 － 1983）作品最完整的地方，包含了數百件的繪畫、素描、版畫、雕塑等作品。

米羅是超現實主義畫家，他曾向許多藝術前輩如梵谷、馬蒂斯（Henri Matisse）、畢卡索等人的作品學習，後來他漸漸地發展出獨樹一格的自我風格，畫中大量來自於大自然的符號或意象，呈現出天真趣味感，但又富含詩意，米羅的畫作中大都能找到「米」字的註冊商標。有時，具有童心的米羅，還會故意把「米」字藏在不起眼的角落。

達利美術館

達利（Salvador Dalí）與畢卡索、米羅是西班牙 20 世紀最具有代表性畫家。達利是超現實主義畫家，他的畫作大多與夢、潛意識有關。由於達利行事做風大膽，曾引起不小的批評。

達利美術館（Teatre-Museu Dali）坐落於費格拉斯（Figueres），原址是 1849 年興建的劇場，因為達利首次在此展示個人作品，所以他提議將劇場改建為美術館，1961 年籌備，直到 1974 年開幕，達利不僅生前參與設計，死後遺體也長眠於美術館內。美術館內展示達利的作品，也傳達他獨特想法與性格，像建築物正面的陽臺上，有著穿著潛水裝的達利雕塑，這是達利在倫敦演講時的穿著，經由詭異的裝置藝術，遊客更能一窺達利的內心世界。

參觀美術館，
進入畫家的世界。

阿爾罕布拉宮

　　摩爾王朝（西元 711 年，篤信伊斯蘭教的阿拉伯人入侵伊比利半島後所建立的王朝）在西班牙格拉納達（Granada）修建了清真寺的宮殿——阿爾罕布拉宮（La Alhambra），阿爾罕布拉宮又稱「紅宮」，美麗的造景技術結合伊斯蘭教建築特色，是阿拉伯宮殿建築的代表之一。1984 年被列為世界文化遺產，每年吸引上千萬遊客前來造訪。

西班牙佛朗明哥舞

　　由居住安達盧西亞的吉普賽人發展出來的佛朗明哥舞（Flamenco），是西班牙的代表舞蹈。佛朗明哥舞強調個人感受，並無固定的舞步動作，舞者藉由平日節奏及肢體動作的基礎訓練，表演時，搭配音樂及現場互動，展現出獨特的舞姿。

西班牙海鮮飯

　　西班牙海鮮飯（Seafood Paella）源自於瓦倫西亞（València），米、橄欖油、番紅花、肉類及各式海鮮是基本材料，據說西班牙海鮮飯與哥倫布有關。航海家哥倫布的船隻受風浪影響，飄流到了西班牙小島，當地漁民烹煮海鮮飯救了哥倫布，後來，國王為了嘉獎漁民們，決定皇宮內也以海鮮飯招待尊貴的客人，所以「西班牙海鮮飯」又被稱為「西班牙國寶飯」，現在是西班牙重要的飲食之一。

土耳其，Turkey

橫跨亞洲與歐洲，
虔誠祈禱穆斯林，
地毯織品和絲巾，
品嘗美食好回憶。

凱末爾

「凱末爾，你想清楚了嗎？」

1893 年，12 歲的凱末爾偷偷地報考薩洛尼卡預備軍事學校，開始從軍生涯，之後，進入伊斯坦堡軍事學院深造。

當時，土耳其鄂圖曼帝國已漸漸衰敗，淪落為西方列強覬覦的對象。1914 年，第一次世界大戰爆發，身為軍人的凱末爾投入戰場，1915 年在「加里波利之戰」指揮作戰，率領軍隊成功地阻止了協約國的登陸；1916 年成功保衛了鄂圖曼帝國的首都伊斯坦堡，因此贏得了「伊斯坦堡救星」的美稱，後來，還擊退了沙俄軍隊的攻擊，收復大片失地。

「凱末爾是土耳其最勇敢、最有才能的將軍。」

凱末爾率軍打仗的才能，連敵方將領都大大稱讚，但是他的能力卻無法讓土耳其擺脫戰敗的命運，1918 年，鄂圖曼帝國被迫簽訂喪權辱國的停戰協定，國家面臨分裂的危險。

「雖然國家正處於危險中，但是民族的意志和毅力才能拯救我們的國家。」

凱末爾將散居各地的愛國組織結合起來，在他的推動下，1920 年，通過土耳其獨立宣言。但希臘在英國的支持下，企圖阻止土耳其

的獨立運動，於是，凱末爾帶領著軍隊奮勇抵抗。

「祖國的任何一寸土地在浸透同胞們的鮮血前，我們絕對不放棄」。

軍中士氣因凱末爾的一席話，而被大大激勵。有一天，凱末爾不小心從馬上摔下來，摔斷了肋骨，即使受了傷，他仍然堅持帶傷指揮戰鬥，在將士用命情況下，凱末爾領導土耳其人民贏得了最後的勝利，協約國在 1923 年簽訂「洛桑條約」承認了土耳其的獨立和主權。

1923 年，土耳其共和國正式宣布成立，凱末爾當選為共和國首任總統，安卡拉成為首都。上任後的凱末爾採取了一系列改革措施，創立了土耳其語的字母，廢除一夫多妻制，大力發展經濟。

為了表彰凱末爾對於土耳其的貢獻，土耳其人尊稱他為「土耳其國父」。1938 年 11 月 10 日，凱末爾因肝硬化去世，為了懷念及感謝這位土耳其的英雄，直到今日，每年 11 月 10 日，土耳其人仍會默哀致意。

關於 凱末爾
Mustafa Kemal Atatürk
（1923 – 1938）

凱末爾是土耳其的「國父」，同時也是卓越的軍事家，捍衛了土耳其的疆域，並將土耳其建設成為現代化國家。他的有幾項劃時代的施政：強制禁止所有男子戴禮帽、婦女不需穿戴蓋頭面紗、廢除一夫多妻、確立離婚制度、保障女性的教育就業參政及財產繼承的權利等。1938 年 11 月 10 日的 9 時 5 分是凱末爾辭世的時間，於是，每年 11 月 10 日到了 9 時 5 分，不分黨派、種族、職業，在任何地方，所有土耳其人都會暫停活動，就地默哀一分鐘，以懷念這位影響深遠的偉大領袖。

快跟著 Super 導遊一起認識土耳其！

土耳其 世界遺產 之旅

國家首都	安卡拉
飛行時間	13 小時 25 分鐘
當地時間	臺灣－5 小時
國土面積	臺灣 21.6 倍大
貨　　幣	里拉 TRY（₺）

安卡拉

歷史古都──伊斯坦堡

　　土耳其最大的城市伊斯坦堡（İstanbul），是歐亞兩大洲的交通樞紐，也是世界上唯一橫跨歐亞兩大洲的城市。中古世紀時，伊斯坦堡曾是羅馬、拜占庭與鄂圖曼帝國的古都，古代絲綢之路的終點，在歷史上擁有相當重要的地位。伊斯坦堡分為舊城區及新城區，舊城區擁有許多古蹟，如聖索菲亞大教堂、藍色清真寺、地下宮殿等。1985 年，伊斯坦堡城牆及古城區被列入世界文化遺產。

　　知名的聖索菲亞大教堂（Hagia Sophia Museum）擁有近 1500 年的歷史，以巨大的圓頂聞名。聖索菲亞大教堂本是世界上最大的教堂，後來穆罕默德二世將其轉變為清真寺，1935 年成為宗教中立的博物館；在伊斯坦堡

有許多清真寺，而位於海拔 35 尺，高 9 層樓的加拉達塔最受人矚目，加拉達塔是中世紀的尖頂建築物，可俯瞰整個伊斯坦堡。

位於聖索菲亞大建堂的南方，有個建於 6 世紀的儲水池，蓄水量可達 10 萬噸，總共用了 366 根石柱打造，而且採用了圓拱穹頂支撐頂部，看起來像是地下宮殿，非常壯觀美麗，366 根石柱中，有兩根石柱底部有蛇魔女梅杜莎的頭像，一個倒著放，一個橫著放，現在也成為熱門的觀光旅遊景點。

除此之外，藍色清真寺（Blue Mosque），原名為「蘇丹艾哈邁德清真寺」，因內部使用了超過 2 萬片以上的伊茲尼克藍色磁磚，所以被稱為「藍色清真寺」，是伊斯坦堡最具代表性的鄂圖曼風格清真寺。

伊斯坦堡曾為兩大帝國的首都，有「千年古都」之稱。

棉堡

另一觀光景點棉堡（Pamukkale）位於土耳其西南部，因像座雪白的城堡而得名，高 160 公尺，長 2,700 公尺，有 17 座溫泉，棉堡地形是含鈣的溫泉水流動時，因冷卻沉積而形成的

石灰岩層。棉堡的山頂坐落著著名的「希拉波利斯古城」（Hierapolis），有古羅馬時期的神廟和浴場。1988 年，棉堡和希拉波利斯古城被列為世界遺產。

在未被列入世界文化遺產前，棉堡景區內曾開放興建酒店，大量溫泉水流進了游泳池，飯店排出的廢水及遊客直接在岩石上行走，使白色岩石不再純白，目前，土耳其政府已加強保護，希望恢復原本奇特的自然面貌。

土耳其浴

到澡堂洗澡是土耳其人生活中的重要一環，不僅能淨身、淨化心靈，也是重要的社交和休閒場合，大型澡堂會畫分男用和女用浴池，而小型澡堂則開放不同的時段給男性和女性。

沖水、搓澡、泡泡按摩、油壓按摩等，可依個人需求增加土耳其浴（Hamam）的服務內容，會由大嬸及大叔戴尼龍手套搓出許多汙垢，洗完土耳其浴，會讓人有煥然一新的感覺，土耳其浴是到土耳其旅行時熱門的體驗活動之一。

番紅花城

　　番紅花城（Safranbolu）是座歷史小鎮，因盛產番紅花得名。17 世紀到 19 世紀間，是伊斯坦堡到黑海間的重要交易據點，當時，許多富商在此興建紅瓦白牆的鄂圖曼式建築。除此之外，還有許多清真寺與土耳其浴場，那些極具特色的建物仍被保留至今，1994 年番紅花城被聯合國教科文組織選為世界文化遺產。

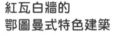
紅瓦白牆的
鄂圖曼式特色建築

有頂大市集

　　有頂大市集（Grand Bazaar）是世界上最古老、最大的市集之一，有超過 3 千間以上的商家，每天吸引 20 萬以上的人造訪，香料、茶、色彩繽紛的瓷器和燈、地毯都是市集內的人氣商品，除了購物外，建築上的古老壁畫也值得駐足觀賞。

逛不完的世界遺產！

卡帕多奇亞

　　早期火山熔岩及火山灰噴出覆蓋卡帕多奇亞（Cappadocia），經長時間的風化、侵蝕及沉積，形成特殊的岩石風情，各式奇形怪石，映照著旭日及夕陽，形成絕美景色，因此，不少人選擇在卡帕多奇亞搭乘熱氣球，觀賞壯闊的岩石美景外，也可體驗在天空翱翔的感覺。

　　除了奇岩地形外，地下城市及岩窟教堂也是卡帕多奇亞的特色，西元 1 世紀到 4 世紀，基督徒因遭受羅馬政權逃難到卡帕多奇亞，因此鑿出數不清的岩窟教堂與地下城市，已被發現地下城有 36 個，凱馬克利地下城是最深的一座，地下 9 層，有 1,000 多個房間，能容納 1 萬人，廚房、酒窖、廁所、食物儲藏室、牲畜欄舍等各式功能的房間一應俱全。

土耳其烤肉

臺灣人所熟知的
「沙威瑪」（Shawarma）就是土耳其烤肉。傳統的土耳其烤肉是把
肉橫放或把削下來的厚肉片，用 L 字形串把肉插著燒烤。

沙威瑪做法是把羊肉用橄欖油、洋蔥、芹菜、百里香以及其他許
多香料醃浸一天以上，再把醃好的肉層層堆疊緊密地串在直立式烤肉
架上燒烤。當外層肉烤熟，再用利刃削下，再搭配米飯或扁圓形麵包
食用。沙威瑪傳到世界各地，因應不同民情習慣而做調整，在臺灣，
沙威瑪就以麵包夾肉及蔬菜的方式食用。

土耳其紅茶

土耳其是世界上最愛喝茶的民族，土耳
其紅茶是國民飲料，以特殊的上下分層茶壺、
按一定的比例沖煮，然後再依個人喜好加入
糖，就成了道地的土耳其紅茶。

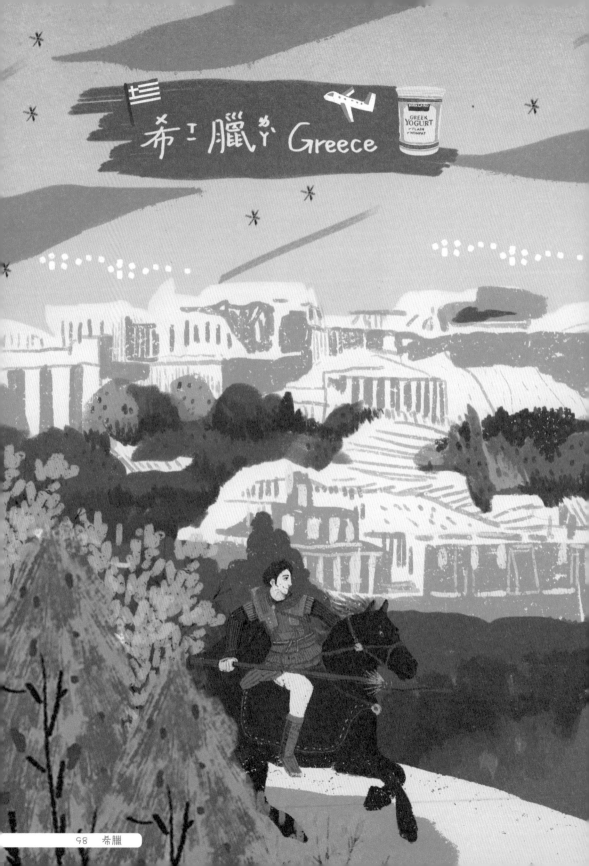

希_{ㄒㄧ}臘_{ㄌㄚˋ} Greece

藍天白雲愛琴海，
哲學思考在不在，
廊柱建築不是蓋，
世界奧運真厲害。

亞歷山大

「連成人都無法駕馭的馬匹，亞歷山大居然能馴服，真是了不起。」

馬其頓國王腓力二世的兒子亞歷山大，從小表現非凡，為了栽培亞歷山大，腓力二世甚至請了希臘哲學家亞里斯多德（Aristotle，西元前 384 － 322）擔任家庭教師。當腓力二世遇刺身亡後，年輕的亞歷山大成為繼位者，首當其衝面對的問題就是城邦的紛紛抗爭暴動。

「我不能讓父親的心血白費，我要完成父親的擴土計畫。」

花了兩年的時間，亞歷山大平息了暴動，之後，為了實現父親和自己征服世界的野心，亞歷山大決定率軍攻打波斯。出發前，亞歷山大將個人地產、奴隸及畜群分贈給臣子。

「陛下，難道您不想為自己留點什麼嗎？」
「我留下了一個統一各洲，打造世界帝國的願望。」

亞歷山大的一席話激勵了所有的將士們，他們義無反顧地跟著亞歷山大到處征戰。軍隊首先占領了小亞細亞，然後，攻打波斯王大流世三世（Darius III，西元前 380 － 330），亞歷山大軍隊勢如破竹，大流士三世眼見大勢已去，便派使者表示願意付出鉅款及割讓半個波斯帝國給亞歷山大。

「我不會接受這樣的條件，我有更遠大的目標。」

亞歷山大對於大流士三世所提的條件絲毫不動心。沒多久，他推翻大流士，征服了波斯帝國，為了完成建立統一帝國的夢想，亞歷山大繼續向東征戰，之後，他侵略埃及，在尼羅河三角洲西部建立亞歷山大城。

「我要讓人們永遠記得我的名字，偉大的戰績要流傳後世。」

　　本來，亞歷山大還打算繼續拓展國土，但是十年的征戰，軍隊早已兵疲馬憊，在將士強烈要求下，西元前 325 年，亞歷山大將部隊撤出印度。

　　亞歷山大一生從未打過敗仗，是歷史上優秀的軍事統帥，除了在軍事上，有驚人的表現外，他促使民族融合，也是相當大的成就。亞歷山大鼓勵馬其頓人和波斯人、東方人通婚，不僅讓成婚者享受免稅權利，還饋贈許多禮物。

　　因東征緣故，希臘文化也因此向東方傳播，東西方文化有了交流互動，亞歷山大建立起的龐大帝國，不僅讓世界文化產生巨大的變化，也寫下希臘歷史重要的一頁。

關於 亞歷山大
（西元前 356 － 303）

驍勇善戰的亞歷山大，建立「亞歷山大帝國」，版圖橫跨歐、亞、非三大洲。他的出生有很多傳說，母親在婚禮前夕，夢見雷電擊中她的子宮，化成一團火焰四處散開，又說他是天神宙斯之子，莫衷一是的誕生故事，讓亞歷山大充滿著傳奇的色彩。而東西文明隨著亞歷山大的征戰，互相交流，貿易發展，更是影響後世久遠。

快跟著 Super 導遊
一起認識希臘！

希臘 文明起源 之旅

國家首都	雅典
飛行時間	13 時
當地時間	臺灣－6 小時
國土面積	臺北市 3.6 倍大
貨　　幣	歐元 EUR（€）

雅

典

雅典衛城

　　擁有 3 千年歷史的雅典衛城遺跡（Acropolis of Athens），位在雅典城西南方海拔 150 公尺山上，是祭祀雅典守護神雅典娜（Athena）的神聖地。

　　雅典衛城，是古希臘建築群的代表作，無論在廟宇、柱式或雕刻上都展現極高水準，「戴奧尼索斯劇場」（Theatre of Dionysos）、「衛城山門」（Propylaia）、「帕德嫩神廟」（Temple of Parthenon）、「艾瑞克提恩神廟」（Erechtheum）和「雅典娜勝利女神廟」（Temple of Athena Nike）是其中最知名的建築。

艾瑞克提恩神廟現場的少女石柱是後來復刻的，
真跡目前被珍藏於英國的大英博物館中。

　　衛城山門是雅典衛城的入口，左右各有一殿堂，分別是艾瑞克提恩神廟
及帕德嫩神廟。艾瑞克提恩神廟，最引人注目的是 6 根雕工精美的大理石少
女石柱，少女們姿態優雅，栩栩如生的雕刻，已成為雅典的象徵。

　　帕德嫩神廟是為了祭祀女神雅典娜而興建，是至今最重要的古典希臘時
代建築物，神廟四週都有優美雕刻和完美的裝飾，對於古希臘的歷史、建築、
雕塑研究，具有重要的價值。

熟讀希臘神話，再看這些歷
史遺跡，會更有感覺呵！

奧運發源地

　　3,000 年前，古希臘人有 4 個祭祀神明的活動，分別是奧林匹克競技會（Olympic Games）、皮西安競技會（Pythian Games）、依斯米安競技會（Isthmian Games），以及尼米安競技會（Nemean Games）·由於宙斯是眾神之王，因此祭祀天神宙斯的奧林匹克競技特別受重視，這也就最早奧林匹克運動會的濫觴。

　　古代奧運會只維持了 1 千多年，直到 1896 年，才在雅典再度舉行。剛開始時，只有 13 個國家，300 多位男性選手參賽，21 世紀，奧林匹克運動會已成為全球最偉大的運動賽事，各國最優秀選手同台競技，參與奧運會的國家數和選手數不斷增加，2016 年巴西奧運，有超過 200 個奧運會員國或地區參與，選手人數超過 1 萬人。

原本的奧林匹克競技場，只留下斷垣殘壁，1896 年的第一屆奧運則選在帕那辛納克體育場（Kallimarmaro）舉行。

愛琴海三大島

　　愛琴海是地中海的一部分，共有 2,500 多個島嶼，絕大多數島嶼都位於希臘境內，聖托里尼島（Santorini）、米克諾斯島（Mykonos）及克里特島（Crete）是最受遊客青睞的愛琴海島嶼。

　　米克諾斯島有愛琴海的「海上白寶石」稱號；聖托里尼島擁有最美的落日美景；克里特島是希臘第一大島，也是米諾安文明（Minoan）誕生地，孕育出耳熟能詳的希臘神話故事。

　　愛琴海島上的藍白屋搭配美景，讓人彷彿走入仙境，為什麼希臘的房子只有藍、白兩色呢？藍、白色是希臘的代表色，國旗也由這兩種顏色組成，由於希臘被地中海及愛琴海包圍，加上盛產白堊土及灰岩，當地人便將它利用在建築外觀，反射終年強烈的日照。因此，島上房屋只有大海的藍及白堊土的白兩種顏色，也形成如詩如畫的美麗景觀。

美麗的藍白建築是希臘
著名的地標景色。

古希臘文明

　　古希臘文明發源於地中海沿岸，在宗教、哲學、科學、藝術、工藝等方面有很深的造詣。由於古希臘文明對羅馬帝國（西元前 27 年至 1453 年，可分為東、西羅馬帝國，曾是征服歐亞非等地的偉大帝國，東羅馬帝國最後被土耳其人所打敗。）有重大影響，因此，當羅馬帝國征戰各處時，也將古希臘文明帶到歐洲許多國家，後來成為西方文明發展的基礎。

天神宙斯

希臘神話

　　希臘神話是古希臘的神、英雄、自然和宇宙歷史的神話故事，人們以口耳相傳的方式，將這些神話流傳下來，而現在所熟悉的希臘神話或傳說，大多源自於古希臘文學，希臘神話對西方的文化、藝術、文學和語言有著深遠的影響，許多詩人和藝術家都從希臘神話中獲取靈感，再進行創作，呈現出具有現代感的作品。希臘諸神中，大家最耳熟能詳的有：天神宙斯（Zeus）、太陽神阿波羅（Apollo）、戰神阿瑞斯（Mars）、美神維納斯（Venus）等。

生活萬花筒／伴手禮

希臘道地家常菜──幕莎卡

　　幕莎卡（**Moussaka**）看起來像似義大利千層麵，基本配料會有茄子、馬鈴薯、番茄以及碎肉（牛、羊、豬肉皆可），另外也可搭配小黃瓜或是洋菇等，層層堆疊，淋上希臘由奶油與起司調配而成的白醬，放到烤箱內烘烤即可。近年，地中海飲食成為風尚，原本是希臘每戶人家的家常菜，現今成為希臘美食的代表。

希臘優格

　　希臘優格比起市售優格多了一道過濾程序，就是將水分和乳清排出，因此優格更加穠稠，4 公升的牛奶約能製造出 1 公升的希臘優格。因濃縮的關係，希臘優格的蛋白質、鈣質高於一般優格，除了直接食用和製作甜點外，用於搭配沙拉或調製醬料也是常見的食用方式。

兒童也可以改變世界嗎？

　　身為世界公民，無論年紀、種族、性別，都該關心地球上發生的大小事，除了環保、戰爭、疾病等共同的議題外，有些國家因為天災人禍，也面臨不少的困難，那些咫尺千里的國家，也同樣需要我們齊心協力伸出援手，若人人都能發揮「人飢己飢，人溺己溺」的精神，彼此互助，世界地球村才能日日美好。

人小志氣高

　　可別以為關心世界是大人的事，年紀輕輕的小朋友所能發揮的影響力不容小覷。世界上不少公民活動或志工運動，都有小朋友參與其中的身影。或許小朋友沒有足夠的知識，也缺乏充裕的經費，但只要擁有勇氣、創意及熱情，願意關心生活周遭的大小事，也能成為了不起的世界公民呵！

「蚊帳大使」凱瑟琳幫助非洲兒童

　　凱瑟琳 5 歲時，看到新聞報導指出，每 30 秒就有非洲兒童因虐疾致死，這則新聞震驚了凱瑟琳，她開始認真研究瘧疾。她發現非洲疫情會如此嚴重，蚊子是主要的罪魁禍首，因為瘧疾是靠蚊子傳播，如果小朋友想避免被蚊子叮咬，最好方法就是掛蚊帳，於是凱瑟琳拿出了自己的存款，買了一頂蚊帳寄到非洲。

　　但一頂蚊帳幫不了數以萬計的非洲小朋友，凱瑟琳的媽媽鼓勵她可以發揮自己的影響力。於是，小小年紀的凱瑟琳開始在住家附近幫忙溜狗或打掃，將打工賺來的錢，捐款給「只要蚊帳組織」，為非洲的孩子購買蚊帳。沒多久，凱瑟琳覺得這樣的速度太慢，她開始在鄰居間宣傳蚊帳計畫，有人捐錢，她就畫張獎狀給捐款者，慢慢地，募款計畫傳了開來，有越來越多人邀請凱瑟琳分享。

　　雖然獲得許多人的支援，但仍然無法幫助數量龐大的非洲小朋友。於是，凱瑟琳決定寫封信給微軟聯合創始人比爾・蓋茲，比爾・蓋茲深受感動，他決定捐款大筆金額，為非洲兒童購買蚊帳。因為凱瑟琳的努力，現在非洲小朋友因虐疾的致死速度，已經被延緩，而凱瑟琳也成了全世界都認識的「蚊帳大使」。

小朋友，你可以怎麼做？

　　除了凱瑟琳外，臺灣也有不少兒童或青少年投身公益服務，發揮善的影響力，讓生活更美好，所以，小朋友千萬別小看自己的能力，只要用心觀察，發現生活中需要協助的人事物，然後發揮創意、蒐集資源，展現執行力，相信每位小朋友都能成為讓世界更美好的重要力量！

捷克　Czech Republic

文化傳統繞東歐，
藝術建築四處有，
啤酒溫泉小木偶，
美景打卡不停手。

SUPER 導遊
德弗札克

「小學畢業後，到士洛尼杰鎮找舅舅，學習如何經營旅店和屠宰業吧！」

德弗札克受父親影響，從小展現出對音樂的熱情，他一心想成為音樂家，但父親卻不贊成。當德弗札克接受安排，到士洛尼杰鎮後，教堂風琴師李曼（Antonín Liehmann），卻讓他走上音樂之路。

「德弗札克，你具有音樂的天分，千萬不能放棄。」

李曼試圖說服德弗札克的父親改變心意，但並沒有成功。後來，李曼協助德弗札克到布拉格學音樂。1859 年，德弗札克以第二名優異的成績從風琴學校畢業，也展開他的音樂生涯。

德弗札克深受國民樂派之父史麥塔納（Bedrich Smetana, 1824-1884）的影響，因此他創作的樂曲有著濃厚的愛國色彩。當德弗札克在世界樂壇嶄露頭角後，不少音樂家都以演奏他的作品為榮。1878 年，作曲家德弗札克有了新的身分──「指揮」。

「這是我第一次指揮自己的作品，不知道觀眾的反應如何？」
「別擔心，一定會大受歡迎的。」

演出非常成功，大家發現德弗札克除了作曲的才華外，指揮的能力也讓人驚豔萬分。從那之後，德弗札克常指揮自己的作品，他在樂壇的地位如日中天，不少國家紛

紛邀請德弗札克進行訪問及表演。1891 年，美國打算聘請德弗札克擔任紐約國民音樂院院長。

「美國提供了優渥的待遇，希望我去擔任紐約國民音樂院的院長。」
「這是件好事。」
「可是，我已經答應布拉格音樂廳要去教書了。」

　　德弗札克在布拉格音樂院教書一年後，到美國紐約國民音樂院任教。在美國期間，他完成了著名的〈新世界交響曲〉。1901 年，德弗札克被任命為奧國上議院的終身議員，他也是第一位獲得這項殊榮的音樂家。

「不知道觀眾會不會喜歡我的新歌劇？」
「應該沒問題的。」
「真的嗎？」

　　1904 年，德弗札克的歌劇〈阿爾米達〉進行首演，他相當關心觀眾們的反應。沒想到，反應並不如預期，德弗札克相當受挫，心情低落了好一陣子。同年 5 月，德弗札克因中風猝死，他的死訊震驚了全世界。

　　德弗札克一生總共寫了 9 首交響曲，其中最有名的就是第九號交響曲〈新世界交響曲〉，不少國家還把這一首曲子填上了歌詞傳唱，德弗札克的樂曲風靡全世界，他也被讚譽為捷克國民樂派最偉大的作曲家。

關於 德弗札克
Antonín Leopold Dvořák
（1841 – 1904）

　　德弗札克被歸為「國民樂派」音樂家，主要作品有 9 首交響曲、大提琴協奏曲、清唱劇如〈聖母悼歌〉和〈安魂曲〉、大量室內樂，16 首斯拉夫舞曲和歌劇《水仙女》，作品中傳達出對於國家，大自然、宗教的情感，是捷克重要的音樂家，而在音樂世界史上也深具影響力。

快跟著 Super 導遊
一起認識捷克！

捷克 哥德式建築 之旅

布拉格

國家首都	布拉格
飛行時間	14 小時 55 分鐘
當地時間	臺灣－7 小時
國土面積	臺灣 2.2 倍大
貨　　幣	克朗 CZK（Kč）

建築博物館之都──布拉格

　　布拉格（Pargue）是歐洲的歷史城市，也是世界最美麗的城市之一，因擁有羅馬式、哥德式建築、巴洛克風格、新古典主義等各種風格的建築，所以有「建築博物館之都」美稱，共分為城堡區、老城區、新城區、小城區及猶太區，其中老城區最受到遊客們的喜愛。

　　新城市政廳、泰恩教堂、舊城市政廳、聖維塔教堂及查理大橋都是布拉格有名的哥德式建築，尖塔、拱門是主要特色。因此布拉格也有「千塔之城」的稱號。布拉格有許多古蹟，受保護區域高達 2 千多處。1992 年，布拉格城市被列入聯合國教科文組織的世界文化遺產。

布拉格有「千塔之城」的稱號！

聖維特大教堂

　　聖維特大教堂（St. Vitus Cathedral）是布拉格重要的地標，典型的哥德式建築，由藝術家慕夏瓦設計親手彩繪的玻璃「慕夏之窗」是教堂的一大亮點，這也是布拉格第一座天主教堂，布拉格王室的加冕儀式都在此處舉行，多位波希米亞國王也都安葬於此。

每一種建築風格都象徵著不同的建築理念。

查理大橋

伏爾塔瓦河（Vltava）貫穿布拉格，河流上總共有 17 座橋，查理大橋（Charles Bridge）是修建的第一座橋梁，是布拉格著名的古蹟之一。查理大橋全長 516 公尺，寬 10 公尺，總共有 16 座圓拱，主要由砂岩砌造而成，據說，當時為了讓大橋更堅固，還曾在石灰中摻入蛋黃、蛋殼、牛奶，甚至還有葡萄酒。

1357 年，皇帝查理四世下令在伏爾塔瓦河上，興建堅固的大橋，這座大橋共耗時 45 年才完工。開始之初，並沒有正式的名稱，直到 1870 年，為了紀念查理四世，才將大橋的名字取名為「查理大橋」。

查理大橋上共矗立 30 座雕像，每座雕像都有不同的故事，最著名的雕像是紅衣大主教聖約翰內波穆克（St.John of Nepomuk），現代的查理大橋是藝術市集，不少的音樂家、藝術家會在此處表演或展示自己的作品。

聖約翰內波穆克的雕像

人骨教堂

　　14、15 世紀時，瘟疫及戰爭讓庫特納霍拉（Kutna Hora）小鎮居民大量死亡。後來，建了座哥德式教堂安放這些亡者的遺骸，整座教堂收藏了 4 萬多人的人骨，這些人骨被做成檯燈、祭壇、壁飾等裝飾品。雖然遺骸不少，但卻沒有陰森林的氣氛，不少遊客因人骨教堂（Kostnice Ossuary）的獨特性而慕名前來。

查理大橋就像是露天的雕刻博物館，要慢慢走。

天文鐘

　　位於老城廣場的舊市政廳牆上的天文鐘（Astronomical Clock），是許多遊客必造訪的景點，中古世紀時就開始運轉的天文鐘，兩側有四尊雕像，分別代表四種人，每天 9:00-21:00 間整點，耶穌 12 位門徒的雕像會依序現身，死神會鳴鐘，雞會振翅鳴啼，豐富有趣的畫面，常會吸引遊客駐足觀賞。

布拉格木偶戲及黑光劇

　　捷克木偶戲起源於 17 世紀，擁有全球唯一的木偶學院及國際木偶協會，許多木偶戲大師都出身於布拉格藝術學院，每年夏天，來自全球各地的木偶表演團體都會到布拉格參與國際木偶藝術節。

　　除了木偶戲外，黑光劇（Black Theater）也是布拉格戲劇的一大特色，黑光劇是利用燈光及色彩，營造出舞臺奇幻的效果，深受許多大小朋友喜愛。

生活萬花筒 / 伴手禮

買溫泉杯喝溫泉！

溫泉酒及溫泉餅

　　卡洛維瓦利（Karlovy Vary）和瑪莉安斯凱（Marianske Lazne）是捷克有名的溫泉區，除了能泡湯外，泉水還能飲用，不少遊客們會買溫泉杯，試喝不同的溫泉水。溫泉酒和溫泉餅是卡洛維瓦利和瑪莉安斯凱的特產，貝赫洛夫卡酒（Becherovka）是有名的溫泉酒，主要成分是天然溫泉水加香料，具調養身體的功效，巧克力、焦糖、咖啡等口味的溫泉餅，是遊客最佳的伴手禮。

皮爾森啤酒

　　捷克是啤酒王國，人們愛喝啤酒，也擁有世界最棒的啤酒。19世紀時，捷克小鎮皮爾森的釀酒師研發新的釀酒方法──「皮爾森釀造法」，使得啤酒的清澈度、香味大大提升，皮爾森啤酒（德語：pils，英語：pilsener）一上市大受歡迎，也成為世界知名的啤酒。

德_{ㄉㄜˊ}國_{ㄍㄨㄛˊ}Gemany

萊茵河上音樂優，
豬腳啤酒樂享受，
格林童話歷史久，
新天鵝堡夢幻遊。

貝多芬

「說了多少遍，你怎麼都沒記住？你太令我失望了。」

在父親嚴格訓練下，8歲那年，貝多芬舉辦生平第一場的音樂會，優秀的琴藝，讓貴族們大大讚賞，後來，貝多芬精湛的琴藝，也獲得音樂神童莫札特（Wolfgang Amadeus Mozart，1756 — 1791）及音樂大師海頓（Joseph Haydn，1732 — 1809）的誇讚且親自指導。

除了演奏技巧純熟外，貝多芬還會在表演樂曲中加入即興演奏，這樣的演奏風格大受歡迎，因此邀約不斷，貝多芬創作的樂譜常被搶購一空，人們都稱貝多芬為「天才」。

「聽說貝多芬已經不願意彈奏前人所寫的樂譜。」
「為什麼？他不想演奏了嗎？」
「當然不是，他想將心力投入於作曲中。」

貝多芬創作了許多好聽的奏鳴曲和協奏曲，就在他達到創作高峰時，他居然發現自己罹患了耳疾，終日耳鳴，他聽不到外面世界的聲響，也聽不到任何器樂演奏出來的旋律。

「聽不到任何聲音……我再也寫不出任何曲子。」

面對生命中重大的打擊，貝多芬不願低頭，他沒讓人任何知道這個祕密，悄悄地搬到鄉下生活，他的聽力快速惡化，最後近乎全聾，但他仍然堅持繼續作曲，譜寫出內心的吶喊，他完成了著名的〈命運交響曲〉（1804 – 1808）。

〈命運交響曲〉讓貝多芬聲名大噪，但全聾的貝多芬，脾氣易怒暴躁，但這也不減他的創作才華，後來，貝多芬依詩人席勒的詩〈快樂頌〉，寫下了〈第九號交響曲〉合唱交響曲。

1829 年，貝多芬染上風寒轉成肺炎，隔年過世，不少貝多芬的樂迷都前去瞻仰他的遺容，喪禮當天維也納各級學校也停課一天，以表示對他的敬意。

貝多芬一生寫下許多精采的樂曲，直到今日仍然流傳，他的一生風波不斷，但不向命運低頭的精神及決心，成為貝多芬的音樂外，感動人心的篇章。

關於 貝多芬
Ludwig Van Beethoven
（1770 – 1827）

人稱「樂聖」的貝多芬，8 歲就展露音樂才華，32 首鋼琴奏鳴曲音樂作品成為鋼琴創作上很重要的基礎，在古典音樂學習上影響深遠；而在生前寫給弟弟卡爾的書信，手稿「海利根斯塔遺書」中，他敘述著失聰所帶來的痛苦，但也勇敢面對命運的挑戰，在聽不見外在世界的寂靜中，更努力創作了經典名曲〈D 大調第二號交響曲〉和〈C 小調第三號鋼琴協奏曲〉，他的勇氣，以及不屈不撓的人生故事，更值得我們好好學習。

快跟著 Super 導遊
一起認識德國！

德國 童話故事 之旅

柏林 ·

國家首都	柏林
飛行時間	14 小時
當地時間	臺灣－6 小時
國土面積	臺灣 9.9 倍大
貨　　幣	歐元 EUR（€）

童話王國——新天鵝堡

　　新天鵝堡（Neuschwanstein Castle）位在德國巴伐利亞省（Bavaria）1千多公尺的山上，充滿童話色彩的建築造形，常被運用在電影動畫中，迪士尼樂園園區內的城堡也是取自於新天鵝堡的外形。

　　19 世紀時，路德維希二世將父親興建的高天鵝堡炸毀，然後，原地重建新天鵝堡，打造心目中的「夢幻城堡」。城堡內處處可見哥德式建築細節，門、窗呈現出富麗堂皇的巴洛克風格，連家具、裝飾也都是工匠們精心打造。

迪士尼童話中的城堡
都是參考新天鵝堡而設計的！

　　原本新天鵝堡內規畫了 360 個
房間，但第 14 個房間完工後，路
德維希二世就過世了，而其餘的房
間的施工遙遙無期，路德維希二世
過世後 7 週，新天鵝堡開放對外收
費參觀，直到目前為止，是德國最
受歡迎的景點之一。

用可愛的角度
認識德國！

聞名世界的格林童話

《小紅帽》、《灰姑娘》、《白雪公主》、《睡美人》等大小朋友耳熟能詳的故事，全出自於「格林童話」。「格林童話」的作者是出生於 18 世紀末的雅各‧格林及威廉‧格林兩兄弟，當時，他們為了不讓德國文化被外來者消滅，於是，在民間收集故事，然後再加以改編成童話。因故事節構簡單，角色鮮明，所以這些故事流傳了幾百年，陪伴全世界小朋友成長，格林童話有 140 多種不同語言版本，是全球出版數量僅次於《聖經》的書籍。

德國有一條綿延 600 公里長的「童話大道」（German Fairy Tale Road），帶著遊客從格林兄弟出生地哈腦（Hanau）起，北上蜿蜒至不來梅（Bremen），沿途經過與童話故事相關的重要城鎮，重溫童話世界裡的奇幻感受。

在童話大道上的阿斯菲爾德（Alsfeld）是童話故事《小紅帽》的故鄉，城中的小紅帽的雕像是熱門的觀光景點。

德國柏林圍牆

　　1961 年 2 萬多名士兵建造了「柏
林圍牆」（Berliner Mauer），後來，
經過加固、翻新，成為 167 公里長的圍
牆，阻止東德民眾逃往西德，但即使東德
共產極權統治者在圍牆上加了鐵絲網、玻璃碴
等危險物品，仍然無法阻止人們對自由的渴望，因此有不少人冒死
翻牆，有人成功，有人失敗，甚至有人失去了生命。

　　1989 年，經歷幾週的抗爭，東德同意民眾可以跨越圍牆到西
德，1990 年，東德政府拆除圍牆，兩德統一，「柏林圍牆」成為歷
史名詞。現在，柏林仍有許多博物館及紀念碑等講述當年的故事。

德國人守規矩

　　「守法」是德國人的形
象，他們從小就被教育要守
秩序，即使是無站務員的火
車站，仍能維持很好的運作。
另外，德國的高速公路無時
速限制，但出車禍的比例也
極低，若真有人違反交通規
則或肇事逃逸，也躲不過法
律制裁，因為目擊者會主動
報案。

德國汽車博物館

　　許多頂尖的汽車品牌都
出自於德國，走一趟汽車博物
館，更能了解汽車工業的奧
祕。德國有四座汽車博物館，
分別是 BMW 博物館、賓士博
物館、奧迪博物館及保持捷博
物，除了可以欣賞上百輛展示
的汽車、摩托車外，也能深入
認識汽車製造及周邊的配備。

曾經分裂到統一，
德國歷史也值得研究呵！

童話裡的黑森林

　　黑森林（德語：Schwarzwald）是格林童話中重要的故事場景，它也存在於真實生活，黑森林是德國最大的森林山脈，位於德國西南部的巴登 - 符騰堡州（Baden-Württemberg），最高山脈是菲爾德山（Feldberg），海拔有 1,493 公尺，由於，山上林區內樹林密布，遠遠望去是黑壓壓一片，所以才被稱為「黑森林」。

　　蒂蒂湖（Titisee）是黑森林中由冰川形成的湖泊，巴登（Baden）是溫泉城鎮，佛萊堡（Freiburg）是大學城，特里堡（Triberg）是「咕咕鐘」的故鄉，都是黑森林地區受到遊客青睞的旅遊地點，「黑森林蛋糕」更是到黑森林不能錯過伴手禮及甜點。

特里堡（Triberg）
是「咕咕鐘」的故鄉

生活萬花筒 / 伴手禮

啤酒

　　德國啤酒節聞名全世界，德國也是世界第二大啤酒生產國，有1千5百多家釀酒廠，種類高達5千多種，可分為境白啤酒，清啤酒，黑啤酒，科什啤酒、出口啤酒、無酒精啤酒六大類，不同地區的德國人喜歡的啤酒口味也都不相同。

德國麵包

　　德國是世界上食用麵包最多的國家，年消費量達到6百多萬噸，麵包的種類有3百多種，政府對於麵包的掌控非常嚴密，從原料、人工化學到色素都有相關規定，也常常抽查檢驗，一旦違法，麵包師傅就有可能會被吊銷執照。

德國香腸

　　德國香腸是受歡迎的庶民食物，各區都有代表性的香腸，尺寸、顏色、味道均不同，種類大約是1千多種。從豬肉、牛肉、培根到蔬菜，甚至動物的內臟都可以做成香腸，搭配酸菜、油炸、水煮、做沙拉，都是德國人品嘗香腸常見的方式。

德國酸菜

　　用白菜或大頭菜醃製的德國酸菜是傳統食物，富含維他命A、B和纖維質，是冬天必備的食物。食用德國豬腳或香腸時，酸菜是不可缺少的配角，不僅可降低食物的油膩感，也能增加食物的風味。

義大利 Italy

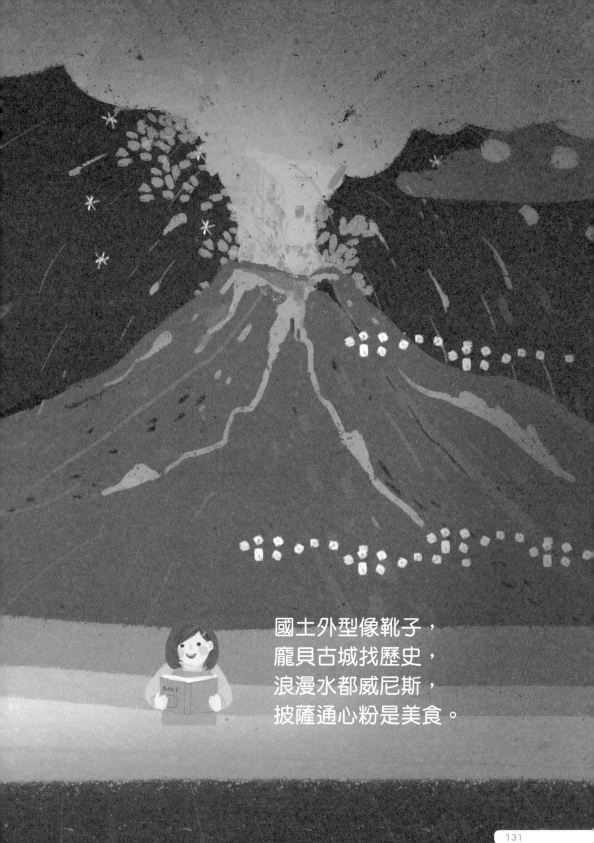

國土外型像靴子，
龐貝古城找歷史，
浪漫水都威尼斯，
披薩通心粉是美食。

SUPER 導遊
南丁格爾

　　南丁格爾出生於富裕的家庭，雖然過著優渥的生活，但她卻覺得自己的生命毫無意義。1842 年，南丁格爾和家人到茵幽別墅避暑時，她不顧家人的反對，前去幫助窮人。

「南丁格爾，你為什麼老在那些窮苦，生病的人身邊打轉？」
「爸爸，他們需要我們的幫忙。」
「身為貴族，怎麼能和那些人打交道？不准再這麼做。」

　　南丁格爾從助人過程中，找到自己未來的方向，她不顧家人的反對，接受護理訓練，成為一名護士。

　　1853 年，克里米亞戰爭（1853 - 1856 俄國與英、法為爭奪小亞細亞地區引發戰爭）爆發，傷員死亡率極高。南丁格爾接受政府的任命，帶領 38 名婦女，離開倫敦，前往克里米亞從事護理工作。

「你們這些護士到底有沒有經過訓練？」
「你們又不能減輕我們的病痛，快滾吧！」

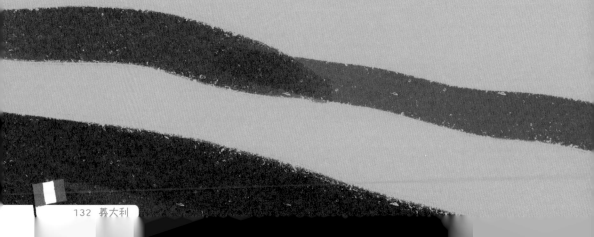

士兵們因為傷病緣故，常對護理人員大呼小叫，但南丁格爾用耐心、善良和精湛的護理能力，扭轉了士兵們的態度，除了照顧傷患外，南丁格爾還重組醫院、改善傷員的營養、整頓衛生間、廚房，以及敷料器具供應，半年內，士兵的死亡率由 42% 降至 2%。

「多虧了有南丁格爾，否則，我們的傷不會好得那麼快。」
「好幾個晚上，我都看到她提著油燈在病房裡巡視。」
「南丁格爾就像天使一樣，為我們帶來希望。」

　　南丁格爾希望有更多人能投身護理工作，減輕人們身體上的病痛。於是，她將大家捐助的南丁格爾基金，在聖托馬斯醫院開辦世界上第一所護士學校，南丁格爾犧牲奉獻的精神，成為護士們學習的對象，而她在護理工作上的改革及專業，也為日後的醫護環境豎立良好的典範。

> **關於 南丁格爾**
> **Florence Nightingale**
> **（1820 – 1910）**
>
> 　　出身於貴族，南丁格爾卻立志當一名護士，奠立了現代護理學的基礎。她被稱为「克里米亞的天使」；或是被譽为「提燈女士」（The Lady with the Lamp），因為她常在半夜提燈巡視病房，帶給病患溫暖與希望。1912 年國際護士理事會（International Council of Nurses, ICN）特別將南丁格爾的誕辰日 5 月 12 日訂為國際護士節，讓原本低階的護士工作，有了崇高的地位。

快跟著 Super 導遊
一起認識義大利！

義大利 歷史古蹟 之旅

國家首都	羅馬
飛行時間	14 小時
當地時間	臺灣－7 小時
國土面積	臺灣 8.3 倍大
貨　　幣	歐元 EUR（€）

羅馬

羅馬競技場

羅馬市中心的羅馬競技場（Colosseum）是世界七大奇蹟，是古羅馬時期最大的圓形角鬥場，估計可容納 5 萬到 8 萬名的觀眾。

興建於西元 72－82 年的羅馬競技場，是角鬥士和牲畜搏鬥的場地，到了中世紀時，由於競技場以石頭建造，所以羅馬競技場成為採石場，之後還成為平民居住地、打鐵鋪、工作坊等。經由千年風化及破壞，羅馬競技場已成為廢墟，但是建築特色及過往歷史，讓羅馬競技場成為來到羅馬必訪的旅遊景點。

義大利獨一無二的建築，
必須要親眼見識。

比薩斜塔

　　獨一無二的建築特色，讓比薩斜塔（Torre di Pisa）成為全球的觀光熱
點，聯合國教科文組織也將其列入世界文化遺產，人們本來以為比薩斜塔是
故意設計成傾斜的，但事實並非如此。

　　1173 年興建的比薩斜塔，原本是垂直設計，但蓋到第 4 層樓時，因為
地基及土層的緣故，所以，鐘樓傾向東南方，即使後來的工程做了補強及修
正，但仍無法讓鐘樓恢復垂直，為避免比薩斜塔的傾斜造成危險，1990 年
停止對外開放。經過 11 年修繕，斜塔被扶正 44 公分，專家認為經過修復的
比薩斜塔，300 年內將不會有倒下的危機。

到義大利旅行也要先了
解羅馬帝國的歷史呵！

龐貝城

　　龐貝城位於義大利南部，曾有上萬名居民，因土壤肥沃，所以盛產葡萄和橄欖，商業活動興盛。西元 79 年，維蘇威火山 (Mount Vesuvius) 爆發，一夜之間，龐貝城被熔岩及火山灰全面淹沒。

　　被人們遺忘的龐貝城，直到 16 世紀，才被人發現了遺跡。19 世紀時，國王伊曼紐二世下令進行大規模開挖，龐貝才得以重見天日。由於當時火山灰是瞬間把整座城市淹沒，因此當時的街景、住宅都被保留得相當完整，龐貝也是當今世界上，唯一沒有歷經時代變遷而變化的城市。1997 年，龐貝城考古區被列為世界文化遺產。

義大利地中海飲食

　　「地中海飲食」是義大利、西班牙、希臘等地中海周圍國家的傳統飲食方式，以前並沒有「地中海飲食」這個名詞，直到 1980 年代，有學者針對地中海周邊國家做飲食研究後，發現傳統飲食對於健康的影響，人們才認識了「地中海飲食」。

　　全穀類、水果、蔬菜、豆類、香辛料、堅果類、健康油脂、蛋、魚肉、適量紅酒及乳製品等，都是地中海飲食不可或缺的菜單，除了食物外，地中海飲食也強調規律的運動習慣的重要，許多人為了追求健康，在生活中奉行地中海飲食法。

義大利人重健康

　　根據歐盟數據，義大利是歐洲第一大長壽國，散步、騎車、運動是義大利人的生活日常，除了熱愛運動外，良好的飲食習慣也是義大利人健康長壽的原因。義大利人吃飯從容不迫，一頓飯花上好幾小時，是常有的事。除了細嚼慢嚥外，他們只吃新鮮的食物，不吃冷凍食品和半成品。常用醋調味蔬菜，也是義大利人飲食的重點。

威尼斯

　　威尼斯是一座飄浮於水上的城市，總共有 118 個小島，連結了 150 座運河和 400 座橋梁，也是全世界獨一無二的水上城市。

　　聖馬可廣場（Piazza San Marco）是威尼斯地標，位於市中心，興建於 9 世紀，拿破崙曾讚美其為「全歐洲最美的客廳」，許多遊客喜歡在廣場餵鴿子，欣賞四周文藝復興時期的精美建築。但因地勢低窪，因此下大雨及漲潮時，聖馬可廣場常常淹水。

　　威尼斯的觀光業相當發達，但年年增加的遊客，造成房價高漲、環境破壞、公共資源被占用，不少當地人被迫離開威尼斯，造成遊客人數遠高於當地居民的情況。因此，有人大聲疾呼希望政府及外地人能重視此問題，別讓威尼斯將來成為一座死城。

生活萬花筒／伴手禮

義大利麵

　　義大利麵是義大利的古老食物，本來人們都吃現做的麵條，直到找到麵條乾燥儲存的方法，義大利麵才成為庶民美食。

　　「pasta」是義大利麵總稱，義大利人研發了許多不同款式的義大利麵，有圓直麵、筆管麵、蝴蝶麵、貝殼麵、螺旋麵共 300 多種。除了款式多樣，連烹煮的食譜也不勝枚舉，義大利麵不僅受義大利人喜愛，也征服不少人的味蕾，全球各地都能發現義大利麵餐廳，還會隨著當地食材，變化出不同新口味。

提拉米蘇

　　「提拉米蘇」（Tiramisù）是義大利語，有「帶我走」的意思。二次大戰時，許多士兵必須離鄉背井遠赴戰場，有位妻子利用家裡的剩下的餅乾和麵包做了好吃的點心，好讓遠行的丈夫路上不挨餓，她將這個點心命名為「提拉米蘇」。後來，「提拉米蘇」流傳開來，成為義大利非常知名的甜點。

披薩

　　西元前 3 世紀，義大利出現將圓麵餅加上香料、橄欖油，放在石上烤熟的食物，這是披薩（pizza）最早的雛形，最早的發源地是義大利的拿玻里。

　　「披薩」是義大利語，意思是混合不同食材、番茄及起司，烘烤而成的餅。早期，披薩是由攤販或烤房露天販售，直到 19 世紀，出現全球第一家披薩餐廳，現在義大利大約有 2 萬多間的披薩店，披薩也成為全世界知名的義大利美食。

奥幺地ㄉ利ㄌ
Austria

音樂之都有魅力，
多瑙河畔響樂音，
綠草如茵好風景，
狗兒天堂奧地利。

小約翰史特勞斯

「媽媽，我也要像爸爸一樣譜寫圓舞曲。」

當母親聽到 6 歲的小約翰史特勞斯這麼說時，立刻拿了一張五線譜給他，才一會功夫，一首曲子完成了，母親相當驚喜，將它命名為〈最初的圓舞曲〉，本以為可以獲得父親老約翰史特勞斯的稱讚，沒想到……

「你寫的很好，不過，我並不希望你當個音樂家。」
「為什麼？」
「因為當音樂家太辛苦了！」

父親一點都不希望兒子和自己一樣成為音樂家，但即使如此，小約翰史特勞斯還是沒放棄音樂，他常常背著父親偷偷練習。學校畢業後，他順著父親的意思，成為銀行出納員。其實，小約翰史特勞斯並不喜歡這份工作，直到父母親離

婚，父親失去了監護權後，他才走向喜愛的音樂之路。

1844 年，19 歲的小約翰史特勞斯和好朋友組成了管弦樂團，在歐洲各地演奏表演自己創作的曲子，動聽的旋律，很快地就讓他聲名大噪。父親過世後，小約翰史特勞斯和兩個弟弟約瑟夫和愛德華，共同攜手經營父親的樂團。

「小約翰史特勞斯，今天晚上舞會的圓舞曲就麻煩你了！」
「你可是靈魂人物，少了你的音樂，舞會就失去了光彩呢！」

因為接收了父親的樂團，所以，當時維也納絕大多數舞會配樂工作都落到小約翰史特勞斯身上。他有時白天譜曲子，晚上人就在現場演奏，他的創作功力相當驚人，總共譜寫了。4 百多首圓舞曲，所以，人們稱他為「圓舞曲之王」。

1872 年，小約翰史特勞斯挑戰一項極困難的任務，他要指揮近 2 千人的管弦樂團，搭配 2 萬人的合唱團，再加上現場超過 10 萬名的聽眾，這麼大的場面，小約翰史特勞斯曾經一度想取消演出。

「許多人都是衝著你而來，千萬別讓他們失望啊！」

在旁人勸說下，小約翰史特勞斯還是接下這項任務。但由於演奏者太多，所以幾十位副指揮必須先用望眼鏡看小約翰史特勞斯的動作，然後再指揮樂團，這次演出是音樂史上的大創舉，而小約翰史特勞斯成功了！

小約翰史特勞斯的樂曲中，最知名的就是〈藍色多瑙河〉（1867）。當時，奧匈帝國在普奧戰爭中慘敗，民眾陷入了鬱悶的情緒，為了提振人們的情緒，小約翰史特勞斯創作了〈藍色多瑙河〉，其實，這首曲子的首演並不成功，直到巴黎世界博覽會演出……

「這首曲子的曲名是什麼？真是太動聽了！」

「這真是我聽過最好聽的圓舞曲」
「這首曲子叫〈藍色多瑙河〉。」

由於在博覽會的演出相當成功，所以小約翰史特勞斯和〈藍色多瑙河〉成為眾人談論的焦點。不久後，〈藍色多瑙河〉的樂譜成為銷售榜上的冠軍。圓舞曲從18世紀末期開始盛行，剛始之初，它被視為不入流的音樂，許多人都相當鄙視，但在約翰史特勞斯家族努力下，圓舞曲變身為高雅的樂曲。當年小約翰史特勞斯創作的多首曲子，直至現今，仍受到許多人喜愛呢！

關於 小約翰史特勞斯
Johann Strauss II
（1825 – 1899）

父親老約翰史特勞斯也是音樂家，雖然反對兒子走上音樂之路，但小約翰史特勞斯的成就遠遠凌駕父親之上，譽有「圓舞曲之王」，把華爾滋從農村廣場的的舞曲帶入宮廷殿堂，成為高尚且流行的娛樂表演。總共創作了 400 多首音樂作品，作品中熱愛生活、樂觀向上的情感，深受奧地利人的喜愛，1899 年因病逝世於維也納，有 10 萬人參加喪禮進行追悼。

快跟著 Super 導遊一起認識奧地利！

奧地利 音樂的故鄉 之旅

維也納 ·

國家首都	維也納		
飛行時間	13 小時	國土面積	臺灣 2.3 倍大
當地時間	臺灣－7 小時	貨　幣	歐元 EUR（€）

音樂之都──維也納

　　一提到奧地利維也納，許多人會立刻聯想到音樂，為什麼呢？這跟維也納誕生過許多知名的音樂家和偉大的樂曲有關。舒伯特、小約翰史特勞斯都在維也納出生，並接受音樂薰陶長大。另外，一些重量級的音樂家也曾經在維也納居住

位於薩爾茲堡（Salzburg）的
莫札特故居，現在是博物館。

聖斯蒂芬大教堂
（Wiener Stephansdom）
是維也納城市的象徵。

過，並寫下了著名的樂曲，像海頓的〈皇帝四重奏〉、莫札特的〈費加羅的婚禮〉、貝多芬的〈命運交響曲〉、〈英雄交響曲〉、小約翰史特勞斯的〈藍色多瑙河〉等等，有人認為維也納是培育音樂家的搖籃，正因為如此，也才有了「音樂之都」的稱號。

維也納市立公園內的
小約翰史特勞斯雕像

奧地利是音樂人必
須要朝聖的國家。

145

世人矚目的維也納新年音樂會

　　猜猜看樂音環繞的維也納，會用什麼樣的方式迎接新年呢？答案當然是音樂！維也納的新年音樂會是全球聞名的迎新年活動，1939 年，維也納金色大廳舉辦了首屆「新年音樂會」，活動相當成功，所以隔年 1941 年舉行了第二屆。之後，除了 1945 年因世界大戰緣故停辦外，每年的 1 月 1 日都會在金色大廳舉辦「維也納新年音樂會」。

　　「維也納新年音樂會」是全世界最多人欣賞的音樂會，透過衛星轉播，全球 90 個國家，10 億觀眾都有機會參與這場世界級的音樂饗宴。每年音樂會演出的曲目都不相同，不過，有兩首安可曲是固定的！分別是老約翰史特勞斯的〈拉德斯基進行曲〉及小約翰史特勞斯的〈藍色多瑙河〉，固定演出這兩首曲子，是為了感謝史特勞斯家族在維也納音樂發展上所做的努力。

每年的「新年音樂會」都會在維也納音樂協會（Wiener Musikverein）的金色大廳舉行。

歌聲揚名世界的維也納少年合唱團

　　全世界最會唱歌的青少年樂團，應該非「維也納少年合唱團」莫屬。由 10 歲到 14 歲男孩所組成的維也納少年合唱團，足跡遍布全球，他們天使般的歌聲擄獲了許多人。1498 年成立的維也納少年合唱團，前身是「維也納史德分教堂合唱團」，知名的音樂家海頓、莫札特和舒伯特都曾經是合唱團的一員！

　　開始之初，「維也納少年合唱團」只在維也納教堂表演，演出的曲目也以宗教歌曲為主。直到第一次大戰後，歐美各國才有機會，聽到宛如天籟般的合聲。第二次大戰結束後，「維也納少年合唱團」加強專業訓練，安排世界巡演，因此知名度大開，聲名大噪。由於邀約場次太多，團員們會分成四團輪流演出，在充份的休息和練習下，「維也納少年合唱團」總能展現優美的合聲，讓聽眾乘著歌聲的翅膀恣意飛翔！

學習跟音樂當好朋友，增添人生樂趣。

奧地利人很愛養狗嗎？

　　答案是肯定的！絕大多數的奧地利人都養狗，曾有一項統計指出，奧地利人每年花在養狗的費用，是 6 億 8 千萬歐元，折合臺幣大約是 200 多億元，數字很可觀吧！這麼多的錢當然是花在數量不低的狗身上，維也納光每天清除的狗屎量就重達 15 公噸，而為了解決狗屎的問題，維也納社會秩序局還特別專門設立了一個監察隊，總共有 50 位全職員工加上 310 位兼職員工，他們會在公共場合提醒市民要清理狗屎，別讓愛犬影響市容。

　　如果，你以為在奧地利養狗很簡單，那你可就大錯特錯了。在維也納想成為狗主人，都必須參加「養狗考試」，考試通過，拿到執照後，才能合法養狗。「養狗考試」要考些什麼？其實，考試內容和考駕照差不多，包括了學科與術科，考試包含了 150 道單選題，題目包括狗主人的心理測驗與養狗基本常識。考試時間大約兩個小時，不只考驗主人的養狗能力與常識，也可以觀察狗主人是不是一個有耐心的人。

生活萬花筒／伴手禮

「施華洛世奇」水晶

　　一閃一閃亮晶晶的「施華洛世奇」（SWAROVSKI）水晶，是奧地利的水晶工藝品製造商，是由尼爾・施華洛世奇在 1895 年創立。目前是全知球知名的水晶設計和時尚品牌，不少人對於 Bling Bling 的水晶都愛不釋手，來到奧地利，千萬別錯過！

莫札特巧克力

　　來到維也納，當然一定要帶一盒莫札特巧克力回家，這可是維也納有名的特產！其實，莫札特巧克力就是莫札特球，是一種包裝紙上印有莫札特肖像，以開心果、杏仁糖、和牛軋糖、以及黑巧克力製成的甜點。

施華洛世奇水晶博物館內有品牌的創建歷史，還可以見到很多華麗的水晶工藝品。

非洲南端真發達，
黑人總統曼德拉，
天然礦產世界誇，
自然美景難忘它。

曼德拉

「無論日後遇到什麼事，記住做人要堅持公平和正義。」

曼德拉 9 歲那年，生重病的父親把他叫到床邊。父親的話，深深影響曼德拉一輩子，也為日後爭取黑人的獨立自主埋下種子。

生活並不富裕的曼德拉，從不放棄學習機會，白天在法律事務所當見習生，賺取微薄的薪資，夜晚到學校上課，生活的辛苦並未打倒曼德拉，反而看到在約翰尼斯堡（Johannesburg）生活的同胞們，遭受到不平等的對待，才讓他忿忿不平……

「為什麼黑人只能住在保留區？到那兒都得帶著『通行證』？這並不公平！」

在南非，英國人訂定「分區控管」法津，黑人出門要搭專用的公車，使用專用的水龍頭喝水，繳特別額外的稅，四處都是輕蔑的眼光，曼德拉實在無法忍受這種不平等的待遇。

學業完成後，曼德拉和好友開了一間法律事務所，除了提供法律服務外，他也開始參加不滿南非政府不平等待遇的人民集會。就在這些集會，如雨後春筍般出現時，政府推出了「種族隔離」制度；黑人和白人在商店及餐廳，必須使用不同的門進出；搭乘不一樣的火車；連學校、廁所都分開使用。那些專為黑人設立的學校、街坊和廁所的品質都遠低於白人。

「這是不公平的，非洲人該有投票權，種族隔離政策應該廢除。」

對抗種族隔離制度而聚集的群眾稱呼自己為「非洲民族議會」，而曼德拉是其中最強而有力的領袖，他常策畫抗爭和遊行，這些活動讓許多住在約翰尼斯堡的白人，

心生不滿和憤怒。

「政府不該再縱容曼德拉，該好好
嚴懲警告。」

　　1962 年 8 月，寂靜的夜裡，
4 位穿著卡其制服的男人衝進曼德
拉家中，將他逮捕入獄。接下來的
一年，曼德拉進出監牢多次，1963
年，曼德拉被政府以政治煽動和非
法越境的罪名，判刑 5 年，1964
年，又被指控犯了陰謀顛覆罪，改
判無期徒刑，終身監禁。從那之後，
曼德拉在獄中度過了 27 年的歲月，
雖然飽受迫害和折磨，但是曼德拉
從沒後悔自己的選擇，他依然堅持
自己的理念。

「釋放曼德拉！」
「釋放曼德拉！」

　　1990 年，南非政府在國內外
強大的輿論壓力下，釋放了曼德
拉。之後，曼德拉協助創立了新的

南非憲法，讓黑人也擁有公民權及
投票權。在南非的人民不分種族都
能投票的大選中，1994 年，曼德
拉順利當上了新政府的第一任總
統。

關於 納爾遜・曼德拉
Nelson Mandela
（1918 – 2013）

　　曼德拉是南非第一位黑人總
統。因結束南非的種族隔離政策，
雖然歷經長達 27 年的牢獄之災，
但是曼德拉始終堅持人皆平等的
信念，終於成立南非新政府，擔任
第一任總統，而且堅決不續任。卸
任後的他，因為愛子死於愛滋病，
繼續倡導正視愛滋病，為愛滋患
者發聲。1993 年獲得諾貝爾和平
獎，他生前曾說：「我希望我的墓
碑上能寫上這樣的一句話：『埋葬
在這裏的是已經盡了自己職責的
人』。」

快跟著 Super 導遊
一起認識南非！

南非 動物天堂 之旅

普利托利亞

國家首都	普利托利亞
飛行時間	17 小時
當地時間	臺灣 − 6 小時
國土面積	臺灣 33.7 倍大
貨　幣	南非鍰 RAND，又稱蘭特（ZAR / R）

野生動物大本營——克魯格國家公園

　　南非有數十座大型的國家野生動物園，其中最有名的就是占地大約 2 萬平方公里，成立於 1898 年，第一座專為保護野生動物而設立的克魯格國家公園（Kruger National Park）。

　　克魯格國家公園是非洲最古老、最知名自然保護區之一，園內生態區相當多樣及豐富，共有 49 種魚類、33 種兩棲動物、114 種爬蟲、147 種哺乳類和 507 種鳥類動物，另有 300 種植物，不只種類多樣，數量也相當驚人，有超過上萬隻的大象、黑斑羚，5,000 隻以上的長頸鹿、犀牛等，幾乎非洲

克魯格國家公園內可以
看見動物們豐富的生態！

動物都能在這裡看到牠們的身影。

　　因為動物是克魯格國家公園的
主角，因此，在園區內，動物們過
馬路時，車子嚴禁按喇叭，必須耐
心等待，除此之外，也不能餵食任
何動物，破壞動物們的生存法則。

欣賞野生動物時
也要注意安全呵！

橫跨兩座國家公園——卡格拉格帝跨境公園

　　橫跨於南非和波札那（Botswana）兩國邊界的卡格拉格帝跨境公園（Kgalagadi Transfrontier Park），包含了南非「喀拉哈里大羚羊國家公園」及「波札那大羚羊國家公園」，是南非境內大型的野生動物保護區。公園大部分位在南喀拉哈里沙漠內，有數量龐大的野生動物，如印度豹、黑尾牛羚、老鷹等，格拉格帝跨境公園是世界上少數橫跨兩個國家的動物保護區。

南非人愛給小費

　　來到南非，別忘了入境隨俗「給小費」，這是南非人相當普及的生活習慣，除了外賣或速食餐廳，一般的餐館或酒吧，餐費的 10％至 15％是公認的小費標準。在沒收費機器的停車場，駕駛通常會給看車的保安或管理員小費 2 蘭特，機場提供服務的行李搬運工，給小費 5 蘭特到 10 蘭特，連在街頭買報紙，也會給小費。雖然小費有公訂的標準，但若覺得對方服務良好，也可以多給小費。

赫曼紐斯

　　赫曼紐斯（Hermanus）是全球的賞鯨之都，每年 6 月到 11 月，都能看到大批鯨魚出沒，沿岸溫暖的海流，是吸引鯨魚前來避冬、交配和玩耍的主因。在赫曼紐斯，可以搭船出海，也能選擇在陸地上賞鯨，能與成群的鯨魚近距離的接觸，是令人相當難忘的經驗。

南非真是動物的天堂！
保護動物也是我們的責任。

非洲企鵝的家——博德斯海灣

　　博德斯海灣（Boulders Bay）是「黑腳企鵝」保護區，位在桌山國家公園內。黑腳企鵝又叫非洲企鵝、南非斑點環企鵝，主要分布在納米比亞到南非海邊。本來，黑腳企鵝在南非的數量不少，但因為過度漁撈、外來種等原因，野外黑腳企鵝數量急速下降。因此，南非政府和動物保護組織，特別將博德斯海灣開闢為自然保護區，避免黑腳企鵝消失絕跡。

南非有三個首都？

　　早在百年前，南非共有 4 個國家，分別是開普共和國（首都開普敦），納塔爾共和國（首都德班），德蘭士瓦共和國（首都普利托利亞）和奧蘭治共和國（首都布隆泉）。1910 年英國將開普敦、納塔爾、德蘭士瓦、奧蘭治 4 個共和國組成南非聯邦，4 個共和國開始爭奪首都之位，最後達成妥協，將普利托利亞訂為行政首都、開普敦為立法首都、布隆泉是司法首都，德班則是拿到了貨物進出口的利益，所以南非總共有三個首都，也是世界上唯一同時存在三個首都的國家。

生活萬花筒／伴手禮

南非國寶茶（博士茶）

  南非國寶茶（Rooibos tea）世界聞名，更與南非的鑽石、黃金並稱南非三大國寶。是一種南非開普敦（Cape Town）的 Cedarberg 及 Olifants 山脈才能生產名為 Rooibos 的灌木植物。1968 年，一位南非名為 Annique Theron 博士發現 Rooibos 其實具有治療痙攣及抗過敏的功效，Rooibos 植物受到大力的推廣，甚至加工製茶，於是又名為「博士茶」。製茶後，除了不含咖啡因，它還能增加血液中抗氧化的能力，是大眾喜好的健康茶，不只在南非，世界各國也有許多愛好者。

南非黃金

  南非礦產資源豐富，有煤炭、鐵礦、鉛礦、鈾、銻、鎳礦、金礦、鑽石等。其中，黃金的儲量是世界第一名，從 1898 年開始，南非就是世界上最大的黃金生產國及出口國，但現在開礦採金成績已大不如前，因為尚未開採的金礦都埋藏在深層地底，需投入更多的資金、人力及時間才能取得。

埃及 Egypt

尼羅河畔好人家，
沙漠之舟人人誇，
文明古國歷史長，
世界奇蹟金字塔。

SUPER 導遊

馬哈福茲

　　馬哈福茲是阿拉伯世界傑出的小說家，他的作品經由書報雜誌、廣播和電視的傳播，已是家喻戶曉的人物，他也是繼印度泰戈爾、日本川端康成後，第三位獲得諾貝爾文學獎的東方作家。

　　馬哈福茲 18 歲時，開始寫短篇作品。雖然曾想成為哲學家，但因無法忘情文學寫作，後來他進入政府部門宗教事務部工作，在文學路上耕耘。

「為什麼拒絕這次機會？」
「報酬再高，我也不會答應。因為我想讀遍文學名著，然後專心從事長篇創作。」

　　為了達成目標，馬哈福茲計畫性地閱讀世界文學名著，並拒絕撰寫短篇文章，任職埃及宗教事務部

期間，1939 年發表了第一部小說《命運的捉弄》，藉由描寫埃及法老王時期的輝煌年代來回應當時的政治環境。直到 1952 年，完成著名的「開羅三部曲」：《宮間街》、《思宮街》、《甘露街》等三部巨著，並獲得埃及國家文學獎。

「恭喜你達成了目標。」
「唉！完成了創作，卻沒有出版社願意出我的書。」

　　由於書籍出版受阻，加上當時埃及獨立後形勢混亂，所以馬哈福茲決定暫時停筆，直到 1959 年，他才再度提筆，馬合福茲在開羅發行量最大的報紙，連載寓言體小說《格貝拉威的孩子們》（Children of Gebelawi）（又譯作《我們街區的孩子們》），沒想到這部小說竟然引起軒然大波。

「馬哈福茲怎麼可以寫這樣的題材？」
「聽說許多教徒對於小說內容相當不滿。」

《格貝拉威的孩子們》的故事是描寫有名叫格貝拉威的富人，在綠洲上蓋了棟毫宅，家族的成員為了爭奪格貝拉威的土地，後代成為相互仇殺的敵人。有人認為馬哈福茲筆下的格貝拉威是上帝，而家族成員分別是猶太教的摩西、基督教的耶穌和伊斯蘭教的穆罕默德，這個故事引起教徒的不滿，也成為阿拉伯國家查禁馬哈福茲作品的導火線。這部小說原本在開羅最大的報紙刊載，因為宗教權威們的抵制反對，馬哈福茲承諾該篇小說不會以書籍的形式傳播，才解決了爭議。

1988 年 10 月 13 日，馬哈福茲獲得了諾貝爾文學獎的殊榮，當時的埃及總統穆巴拉克（Hosni Mubarak）還親自打電話向他祝賀呢！

即使得獎，但穆斯林對於馬哈福茲作品不滿的情緒仍然沒有減緩。1994 年，馬哈福茲遭受激烈教徒的攻擊，導致右手癱瘓，被迫停筆 5 年，經過物理治療後，才重新提筆寫作，但是從那之後，馬哈福茲不再寫小說，改在報上發表專欄。

馬哈福茲是埃及的文學國寶，一生共有 50 多部作品，內容橫跨數千年歷史，藉由馬哈福茲作品，讀者得以一窺埃及神祕王國的歷史、文明和社會發展。

關於 納吉布・馬哈福茲
Naguib Mahfouz
（1911 – 2012）

對於阿拉伯文學來說，馬哈福茲的作品讓大家對於阿拉伯世界有了深入的認識，正如他得到諾貝爾文學獎時的感言說到：「阿拉伯世界因為我而得獎，我相信國際的大門已經開啟，從今天起，有文化的人們也會考慮阿拉伯文學。」他累積 50 多部著作，雖然在阿拉伯世界中受到某些基本教義派的抵制，但馬哈福茲堅持自由理性的精神，以及他對於埃及與人民的愛，還是備受推崇與愛戴。

快跟著 Super 導遊一起認識埃及！

埃及 古文明 之旅

開羅 •

國家首都	開羅
飛行時間	16 小時
當地時間	臺灣 − 6 小時
國土面積	臺灣 27.8 倍大
貨　　幣	埃及鎊 EGP（E£）

埃及金字塔

　　金字塔（Pyramids）是世界七大奇觀之一，是古埃及國王（法老王）的陵墓，除了有保護作用外，據說金字塔也能讓法老王通往天界。因此，許多古埃及國王不惜花下巨資和人力興建金字塔。

　　金字塔的底座是正方形，四面

騎駱駝、看金字塔
是到埃及遊玩時很有趣的體驗！

由 4 個相等的三角形而組成，絕大多數的金字塔是在西元前 2 千多年前建造的，數量高達上百座。

　　埃及最有名的三座金字塔分別是古夫王（Khufu）、卡夫拉王（Khafre）及孟卡拉王（Menkaure），其中，古夫王金字塔是規模最大的金字塔，又被稱為大金字塔，它的底部邊長 230 公尺，高 146 公尺，共用 260 萬塊，每塊重達 2 噸半的石頭堆積而成，古夫王金字塔內有個可容下一架民航客機的空間，相當驚人。

埃及金字塔充滿神秘
的色彩，值得再研究。

人面獅身像

　　古夫王是第一位在基沙建造金字塔的國王，他的兒子則建造了第二座卡夫拉王金字塔。本來，卡夫拉王打算想建座超越父親的金字塔，但並沒有成功。靠近卡夫拉王金字塔處有座長 73 公尺、寬 6 公尺、高 20 公尺的人面獅身像（Sphinx），由一塊石頭雕刻而成，是世界上最大的雕像，面部的五官跟卡夫拉王有幾分神似，為什麼會雕刻出人面獅身像？直到目前為止，考古學家還在努力尋找答案呢！

木乃伊

　　古埃及人相信人能死而復生，所以，他們將屍體製作成木乃伊（mummy），妥善地保存，以方便將來復活時能使用。製作木乃伊的過程相當繁複，要先除去所有內臟器官，除了心臟，因為當時古埃及人認為心臟是人體最重要的器官，然後再將香料放入身體內、接著進行縫合、塗上樹脂等步驟，整個過程大約需要 70 天左右，並非只有法老王才會被製作成木乃伊，平民百姓也會，只不過製作的過程簡陋許多。

埃及人的母親河——尼羅河

　　尼羅河（Nile River）是古埃及文明的搖籃，與人們的生活息息相關，水源栽種作物外，河兩岸的岩壁，供應石灰岩、砂岩和花崗岩，而河內的黑色泥土是製造泥磚和陶器的材料，雖然，提供生活所需，但尼羅河年年河水泛濫的問題，也讓人相當頭痛，年年都得重修灌溉系統和重新分配土地。因此，埃及人也發明了一套測量面積的方法。

在開羅，鄰近尼羅河畔的電視塔（TV tower），象徵埃及的國家實力。

尼羅河是孕育古文明的重要因素。

埃及人飲食特色

　　埃及人信奉伊斯蘭教,所以,飲食謹守教規,正式用餐時,不與他人交談,不用左手遞送食物或其他物品,不吃豬肉,也不吃蝦、蟹。

　　每年齋戒月期間,穆斯林在白天必須禁食和飲水,直到日落到隔天日出前的這段期間,才可以恢復正常的作息和進食。齋戒月是回曆的第九個月,回曆和一般曆法計算方式並不相同,所以每年齋戒月的日期都不一樣。

　　埃及人辦喜事時,除了邀請的親朋好友外,連交情不深的朋友,也會受到熱情的款待,宴會場的坐位有身分和等級的差別,不能隨便入坐,埃及人喜歡餐桌上的菜餚擺得越多越好,因為這是慷慨好客的表現!

生活萬花筒 / 伴手禮

莎草畫

　　莎草畫是埃及特有的手工藝作品。莎草生長於水裡，主要分布於尼羅河流域，是製紙非常好的材質。莎草畫早在法老王時期就有，記錄埃及人的工作、生活，曾經一度失傳，後來又重新興盛，在埃及博物館內有許多歷史悠久的莎草畫，雖然是千年前的作品，但畫作上的顏色依舊亮眼。

椰棗

　　埃及四處可看見椰棗樹，也是椰棗生產大國。椰棗含多種維生素，營養價值極高，可以製成糖果、餅乾、糖漿、醋、酒精和入菜，是穆斯林民眾最喜愛的食物之一。

埃及棉

　　許多高級的紡織品或寢具，都是以埃及棉來編織，埃及棉是最高級的棉種，因為它可以抽出較長的纖維，質地相當柔軟，不同於其它產地以機器採收，埃及的棉花農大多用手工採集。近幾年，因為埃及不少種植棉花的農民，轉而種植收益較高的作物，所以，埃及棉的產量及質量都不如以往。

為什麼有些國家的女生不能上學念書？

GENDER EQUALITY

RIGTHS　　FAIRNESS　　FREEDOM　　POWER

　　20 世紀開始，世界許多國家出現女性領導者，不少的工作領域，像醫學、科學、商業等，女性都有傑出的表現。看似男女都有受教育及發展的機會，但事實是，世界上還是有些國家不重視女權，甚至歧視，21 世紀，惟有兩性和平相處，各自發展潛能，世界才能朝著更平和、進步的方向前進呵！

不重視女權的國家

　　中東、北非及南亞地區的某些國家，對女性相當不友善，有些女性走在路上可能會被無端施暴，既無法到學校接受教育，也沒有工作權，甚至還存

在極不人道的割禮，這些地方的女性，生命及財產安全都受到威脅，整天都在恐懼下過日子。

為什麼女性會被歧視呢？

　　為什麼女性會被歧視？其實，這跟父權觀念有極大的關係。人類的發展歷史，只有少數的社會或地區，以女性或母親為權力核心，實施母系社會的區域，兩性相處相對而言較為平等，絕大多數都是父權社會，由男性主導。

　　在父權社會中，女性被視為男性的財產，男性可以任意對待，例如丈夫控制妻子的就業權、把「服從丈夫」視為女性的法律義務，妻子必須要得到丈夫的允許才可以申請護照等。

　　18世紀時，有越來越多人認為女性在法律上受到不平等的待遇，到了19世紀，有女性開始挺身而出發聲，但因父權社會已根生蒂固，發展了相當長的時間，想立即扭轉或改變並不容易。因此，目前仍有不少國家維持父權社會，但在全球各界人士大聲疾呼及努力下，不少國家已經開始制訂促進男女平權的改革措施，也修訂反對家庭暴力的法律，這些可都是以前不可能的事呢！

小朋友，你可以怎麼做？

　　該怎麼做才能達到兩性平權呢？小朋友可以從日常生活中落實，首先要擺脫對女生的刻板印象，像女生該做家事、女生只能當護士、秘書、女生個性該順從溫柔等，生活中所有的事物，無論性別為何，都該擁有相同的機會和權利，從家庭、學校及職場開始做起，兩性互相尊重及包容，男女平權才能促進社會更進步、和諧！

走吧走吧！跟世界做朋友

作　　者：施賢琴（小茱姐姐）／著
繪　　者：KIDISLAND‧兒童島／繪

書籍企劃：黃文慧
責任編輯：劉佳玲
封面設計：三人制創
內文版型：林銀玲
內文設計：郭嘉敏
審稿校對：林亮亮、張草子、施賢琴
印　　務：黃禮賢、李孟儒
行銷企劃：林彥伶、柯易甫
圖片授權：達志影像

社　　長：郭重興
發行人兼出版總監：曾大福
總　編　輯：黃文慧
出　　版：快樂文化／遠足文化事業股份有限公司
地　　址：231 新北市新店區民權路 108-1 號 8 樓
網　　址：www.bookrep.com.tw
電　　話：（02）2218-1417
傳　　真：（02）2218-8057
發　　行：遠足文化事業股份有限公司
地　　址：231 新北市新店區民權路 108-2 號 9 樓
電　　話：（02）2218-1417
傳　　真：（02）2218-1142
電　　郵：service@bookrep.com.tw
郵撥帳號：19504465
客服電話：0800-221-029
網　　址：www.bookrep.com.tw

法律顧問：華洋法律事務所 蘇文生律師
印　　刷：凱林印刷

初版一刷：西元 2019 年 10 月
定　　價：450 元
ISBN：978-986-95917-5-1(平裝)
Printed in Taiwan 著作權所有 侵犯必究

國家圖書館出版品預行編目 (CIP) 資料

走吧走吧！跟世界做朋友 . 歐非洲篇 / 施賢琴著 ; 兒
童島繪 . -- 初版 . -- 新北市 : 快樂文化出版 : 遠足文化
發行 , 2019.10

　　面；　公分 . -- (知識圖書館 ; 2)

ISBN 978-986-95917-5-1(平裝)

1. 人文地理 2. 通俗作品 3. 歐洲 4. 非洲

740.8　　　　　　　　　　　　108015709

知識
圖書館

豐富孩子的視野

知識
圖書館

豐富孩子的視野